걱정 마, 어떻게든 되니까

걱정 마, 어떻게든 되니까

SNS에서 찾은 나만의 특별한 지혜

최보기 지음

글을 시작하며

먼 길 걷는 당신에게

독일 철학자 헤겔은 "미네르바의 부엉이는 황혼이 지면 날아오른다The Owl of Minerva spreads its wings only with the falling of the dusk"는 명언을 남겼습니다. 미네르바는 지혜의 여신입니다. 우리 인간은 세상의 일을 겪은 후에야 비로소 지혜를 얻을 수 있다는 뜻입니다.

누구나 사는 동안 성패와 부침을 겪기 마련입니다. 저 역시 대학 졸업 후 연이은 언론사 낙방, 회사원, 사업 실패, 공무원, 서평가, 작가로 살기까지 30년 넘는 세월에 산전수전 공중전을 충분히 겪었습니다. 그러는 동안 어떤 상황에서도 자만하거나 좌절하지 않고, 꿈과 희망을 잃지 않으면 길은 반드시 있음을 경험하고, 목격했습니다. 그렇게 깨달은 삶의 법칙을 저 혼자만 알기보다 독자 여러분과 함께 나누고 싶습니다.

겪어보니 사람은 누구나 자기만의 무기가 있는데 종류가 천차만별입니다. 분명한 것은 세상과 대결하는 무기를 한 가지만 가진 사람은 성공하기 어렵다는 것입니다. 변화무쌍하고 복잡다단한 사회와 자연에 적응하고 이겨내려면 복합적, 융합적인 여러 무기가 필요한데 '자신의 때를 참고 기다리며 묵묵히 실력을 기르는 일'도 그런 무기 중 하나였습니다.

몇 번의 좌절을 맛보더라도 쉽게 포기하기에는 세상이 생각보다 넓고, 인생은 생각보다 깁니다. 그렇습니다. 기왕에 살 거라면 제대로 살아 봅시다. 한고청향寒苦淸香, 한겨울 혹독한 추위를 이긴 매화가 맑은 향기를 뿜습니다. 엄동설한 한복판이라도 자기만의 향기를 뿜어낼 전천후 무기를 만들어 보면 어떨까 싶습니다.

삶이 우리를 속일 때면 높은 산 절벽 틈에서 의연히 홀로 자라는 소나무를 보곤 합니다. 온갖 역경에도 인내와 기다림으로 『대망』을 이루었던 쇼군 도쿠가와 이에야스의 유훈과 불멸의 고전 『시경』의 가르침을 항상 머리맡에 두고서 힘과 지혜를 구하는 것도 좋을 듯 싶습니다.

이 책을 읽는 독자분들께 저의 소소하고 작은 경험들과 이야기들이 아주 조그마한 힘이라도 드린다면 저자로서 너무 감사할 것 같습니다.

인생은 무거운 짐을 지고 먼 길을 가는 것과 같다.
서두르면 안 된다.
무슨 일이든 마음대로 되는 것이 없다는 것을 알면
굳이 불만을 가질 이유가 없다.
마음에 욕망이 생기거든 곤궁한 때를 생각하라.
인내忍耐는 무사장구無事長久의 근본이다.
분노를 적敵으로 생각하라.
승리만 알고 패배를 모르면 그 해가 자기 몸에 미친다.
자신을 탓하되 남을 나무라면 안 된다.
미치지 못함이 지나침보다 낫다.
풀잎 위 이슬도 무거우면 떨어지기 마련이다.

— 도쿠가와 이에야스

精金百鍊 出紅爐 정금백련 출홍로

좋은 쇠는 백 번을 단련해야 화로에서 나오고

梅經寒苦 發淸香 매경한고 발청향

매화는 혹독한 추위를 극복한 뒤에 맑은 향기를 뿜고

人逢艱難 顯其節 인봉간난 현기절

사람은 어려움이 닥쳤을 때 절개가 드러난다

—『시경』

차례

2장
땅을 딛고 별을 본다

3장
나의 힘 나의 마음

4장
운칠복삼運七福三을 부르는 법칙

1장

새는 날개를 믿는다

인연, 무소뿔처럼 당당하게

법정 스님은 '인연을 함부로 맺지 말아라. 스쳐 가는 인연은 스쳐 가도록 두고, 주변에 가까운 인연을 잘 가꾸도록 노력해라. 진실은 진실한 사람에게 투자할 때 가치가 있다.'는 지혜를 남기셨다. 꼭 그렇게 하려 하지 않더라도 의미 있는 관계로 가까이 지내는 사람이 주기적으로 변하는 것은 피할 수 없었다. 학교가 바뀌고, 직장이 바뀌면 밤낮으로 어울렸던 사람들과 멀어지는 대신 새로운 인연들과 또 그렇게 지내는 것이었다.

술과 친구는 오래될수록 좋다지만 눈에서 멀어지면 마음도 멀어진다. 죽마고우도 안 보는 사이 시간이 불쑥 흐르면 데면데면해져 지금 곁에 있는 사회 친구보다 멀리 머무르고, 우애 깊던 형제도 성인이 된 후 내 인생, 내 가족 먼저 챙기다 보면 돌아보는 횟수가 점점 줄어든다. 끊을 수 없는 인연인 줄 알았는데 사소한 다툼으로 멀어지기도, 다시는 보지 않을 것처럼 서로 욕하며 관계를 정리했는데 세월이 약이 돼 흐지부지 옛정이 살아나기도, 내게 손해를 끼친 사람인데 '살다 보면 그럴 수도 있지' 생각하니 좋은 인연이 유지되기도 한다.

그렇다. 인연은 체계적으로 관리할 수 없다. '밤 잔 원수 없고, 날 샌 은인 없다.'고 그저 인연은 세월이 답이다. 무소뿔처럼 당당하게 오면 오는 대로, 가면 가는 대로 시간에 맡기어 가만두는 것이 상책이다. 인연의 굴레에 나를 가두어 스스로 괴롭히는 대신 오직 내 삶에 집중하는 것이 현명하다. 나 대신 아파 주고, 나 대신 내 인생 살아줄 사람은 세상 어디에도 없다. 지구는 오직 나를 중심으로 돌아야 하고, 나는 우주의 중심이어야 한다. 지난 인연, 다가올 인연에 너무 마음 쓰며 연연하거나 걱정하지 말자. 그 사람들 역시 그렇게 살고 있다.

나에게 가장 소중한 사람인데 내가 가장 소홀히 대하는 사람은, 바로 나다.
나부터 나에게 잘하자.

상선약수上善若水, 물처럼 바람처럼

단체 카톡방 중 동호회 방이 있다. 같은 취미를 가진 사람끼리 약속이나 후기를 나누는 방이라 역사도 길다. 코로나가 덮치면서 동호회 방이 2년 가까이 조용했다. 아무렴 이렇게까지 조용할 리는 없는데 싶어 하루는 '이 방 살아있는 거냐?' 물었다. 아무도 응답이 없더니 회장의 전화가 왔다. 실은 코로나에도 불구하고 모이는 방이 하나 따로 있다고 했다.

이런! 기존 동호회 절반 정도 되는 회원들이 그동안 따로 놀고 있었다. 그날도 모임 사진을 올렸고, 새로운 모임 협의가 오가고 있었다. 순간 기분이 불쾌했으나 그냥 가만히 있었다. 이제부터라도 참여하고 싶으면 그냥 하면 되지 기분 나쁘다고 카톡방 박차고 나와봐야 나만 손해, 다시 초대해 주는 사람 없다. 지금까지 그런 식으로 카톡방 박차고 나왔다가 아쉬웠던 게 한두 번인가? 파도에 맡기는 빈 배처럼 가만히 있으면 갈등도, 언짢은 기분도 없다. 그냥 가만히 있다가 입맛 맞는 모임이 열릴 때 가면 그만이다.

상선약수,
물은 흐르다 바위를 만나면 옆으로 돌아 앞으로 나아가
강을 만나 바다에 이른다.

—노자 『도덕경』

〈수련이 핀 연못〉
클로드 모네

남과 비교하는 순간
행복 끝 불행 시작

사람의 미래는 정말 알 수 없다. 어느 웅장한 건물 앞을 지나면서 내게 그 건물이 직장이 될 것이라는 생각 자체를 할 수 없었지만 살다 보니 그런 일이 일어나기도 했다. 앞일은 예단하거나 속단할 것이 아니었다.

문제는 어느 조직에 가든 학력이나 경력에서 나와 비슷한데 나보다 앞서가는 사람이 있다는 것, 그 건물도 마찬가지였다. 젊었을 때는 그것이 매우 견디기 힘든 문제였는데 어느 순간 생각을 바꿔 먹게 됐다.

'서로 자신의 인생을 열심히 살면 그것으로 된다. 그가 그의 길을 가듯 나도 내 길만 가면 된다. 내가 맡은 일 열심히 해서 성과에 만족하면 되지 굳이 남과 비교할 필요가 있겠는가. 그럴수록 내 마음만 피곤하고, 조직 적응만 힘들어진다. 남 신경 쓰지 말고 나만 잘하자.'

마음을 그리 먹으니 많고, 적고, 잘 나고, 못 나고 등 인간의 힘으로는 맘대로 안 되는 것을 놓고 남과 나를 비교하는 일이 줄어 마음이 편해졌고, 그래서인지 하는 일도 오히려 잘됐다. 남을 의식해 나를 괴롭히면 스트레스로 병 걸려 죽는다. 나를 긍정적으로 인정하고, 사람의 힘으로 맘대로 할 수 없는 일이라면 적응하고, 그래도 뭔가 부족해 아쉬우면 원인을 밖에서 찾지 말고 나로부터 찾아 개선하려고 노력하는 것만이 답이었다. 사람이 달라지려면 새로운 것을 시도하는 것보다 쓸데없는 고정관념에서 벗어나는 것이 먼저였다.

행복한 사람은 자기가 가진 것을 사랑하고,
불행한 사람은 자기에게 없는 것을 한탄한다.

야매夜梅도 노력하면 정품正品 되리

필명을 장난삼아 '밤에 피는 매화, 야매夜梅'로 자청한 지 오래다. 지인들도 '야매 선생'으로 부르는 데 익숙하다. 일본어 '야미やみ'가 어원인 야매는 '암거래, 비공식'을 뜻하는지라, 중의법으로 한자를 달리해 '밤에 피는 매화'를 썼다. 시를 써서 SNS에 공개하고 싶은데 '야매'임을 자청해야 좀 부족해도 독자들이 이해해 줄 것 같았다. 그러나 비록 야매를 자칭할지언정 마음마저 그런 것은 절대 아니다. 밖에다가는 '노빌문학상'을 타겠다고 농담하지만, 속마음은 진짜로 '노벨문학상'을 타고 싶은 것이다.

'밤에 피는 매화'가 어느 날 뚝딱 내게 온 것이 아니라 '발칸의 장미'가 먼저 있었다. 발칸 반도 고원의 장미는 가장 추운 새벽에 가장 진한 향기를 내뿜는다. 사람 역시 견디기 힘든 고통과 슬픔을 이겨내면 정신이 한층 성숙한다. 야매 이전에는 인내 끝에 꿈을 이루겠다는 의지를 담아 '발칸로제Valcan Rose 발칸의 장미'를 필명으로 썼다.

좋은 쇠는 달구고 식히며 망치로 수천 번 두들겨야 나오고, 수만 번 석공의 쇠망치와 정을 맞은 돌에서 천년미소를 띈 부처가 탄생한다. 매화는 엄동설한을 이겨야 향기 나는 꽃을 피우고, 미나리는 얼음장을 뚫고 북풍과 대결해야 푸르름을 얻는다.

서럽도록 꿈꾸지 않으면,
꿈은 이루어지지 않는다.

새가 나뭇가지에 앉는 이유는

“나무에 앉은 새는 나뭇가지가 부러지는 것을 두려워하지 않는다. 그것은 나무를 믿어서가 아니라 자신의 날개를 믿기 때문이다. 날개는 남이 달아주는 것이 아니라, 자기 몸에서 나온다.”

2010년 〈최보기의 책보기〉 서평을 쓰기 시작했다. 서평으로 이름을 얻으면 출판계에 영향력을 얻으리라 믿었는데 그 영향력은 누가 주는 것이 아니라 내가 스스로 만드는 것이기에 매력적이었다. 3년을 미친 듯이 썼는데 그만 시대가 바뀌어 버렸다. 종이책은 가고 유튜브가 떠올랐다. 서평가의 영향력도 밋밋해졌다.

바로 그때 저 문장을 만났다. 그렇게 12년을 더 걷는 동안 미처 생각지 못했던 일이 일어났고, 많이 얻었다. 미래는 구체적인 설계 없이 그냥 걸어야 한다. 인생은 설계한 대로 되지 않으니까. 그냥 가고 싶은 방향으로 소처럼 뚜벅뚜벅 걷다 보면 세상이 만들어 놓은 내 길을 만날 뿐이다. 무슨 일을 할 수 있다고 믿든, 할 수 없다고 믿든, 내가 믿는 대로 될 것이다.

미래를 알 수 없다는 것은 참 멋진 일이다.
생각지도 못했던 일이 일어날 수도 있으니까!

소리에 놀라지 않는 사자처럼

어느 성공한 집안 100세 넘으신 어머니가 자식들에게 '닥치는 대로 살아라'는 유언을 남겼다. 그 말을 전해 들은 다른 기업가가 자기 회사 사옥에 저 금언을 새긴 비석을 세워 놓았다. 인터넷 검색으로 확인할 수 있는데 말씀의 뜻이 의미심장하다. 아무렇게나 살라는 게 아니라 미래는 아무도 모르니, 어떤 예상 못 한 어려움이 닥쳐도 좌절하거나 피하지 말고 당당하게 맞서라는 뜻이다. 중국 마오쩌둥의 좌우명으로 알려진 '처변불경 처변불경處變不驚 處變不輕, 상황이 변하더라도 놀라거나 가벼이 행동하지 말라'는 뜻이다.

소형 트럭을 몰며 삶은 옥수수를 파는 친구가 있었다. 이

〈암사자의 머리〉
베르나르 빌렘 비에링

른 나이에 사업에 성공, 40대 초반 때 골프 수준급에 서울 강남에 살던 친구였다. 그러나 사업은 늘 위기가 있듯 친구도 고비를 못 넘겨 전 재산을 날렸다. 주변 형제, 지인들 도움으로 겨우 수도권 도시 변두리에 좁은 셋집을 얻자, 친구는 남은 돈으로 중고 트럭을 구해 옥수수를 삶기 시작했다. 평소 별명이 '옥귀신'일 만큼 옥수수를 좋아하는 친구는 자신이 처한 조건에서 가능하고, 가장 잘할 수 있는 일이 옥수수 삶는 일이라고 했다. 아내는 대형마트의 일자리를 구했다. 둘이 열심히 벌면 아이들 키우는 일은 할 수 있다고 했다. 친구는 맛이나 보라며 삶은 옥수수 하나를 건넸다. 그가 삶은 옥수수는 정말 찰지고 맛있었다.

소리에 놀라지 않는 사자를 직접 본 일은 없지만 어떤 모습일지 알겠다. 나는 내 친구, 삶은 옥수수 장수에게서 그토록 의연한 사자를 보았다. 벌써 오래전 일이다. 그 사이 친구는 다시 기력을 회복해 그 도시 전통시장에서 아내와 함께 생선 가게를 운영하고 있다. 그는 옥수수만큼 생선도 잘 안다.

남이 해서 성공한 일을 보지 말고,
내가 할 수 있으면서 가장 자신 있는 일을 봐야 한다.

계획보다 행동하라,
인내는 성공의 어머니다

세계적 기업을 일군 미국 벤처 사업가가 한국에 와 인터뷰했는데 기자가 "앞으로 계획이 무엇이냐?" 물었을 때 대답이 이랬다.

"저는 계획Plan하지 않고 행동Action합니다. 행동이 다음 행동을 몰고 옵니다."

인생은 계획한 대로가 아니라 행동하는 대로 된다. 그것이 비록 맨땅에 헤딩일지라도 행동하면 다음에 해야 할 행동이 따라오고, 그렇게 행동을 이어가다 보면 성공에 이른다. 물론 행동이 실패했을 때도 좌절하지 않는 불굴의 도전정신은 기본이다.

일을 좋아하는 사람은 즐기는 사람을 이길 수 없다. 즐기는 것은 계획이 아니라 행동으로만 가능하다. 그러나 즐길 수 있을 때까지는 무수한 난관과 고통이 따른다.

고진감래苦盡甘來, 인내는 '반드시' 성공의 어머니! 신께서 주시는 선물은 <고난>이라는 보자기에 포장돼서 온다.

생각하며 살지 않으면
사는 대로 생각한다

'~라고 생각된다. ~인 것 같다.' 등 수동태거나 자신 없는 문장을 쓰지 않으려고 노력한다. '~라고 생각한다. ~이다.'로 잘라서 말도 하고, 글도 쓴다. 내 말과 글의 결과를 책임지겠다는 의지다. 그러려면 말하거나 글쓰기 전에 내가 제대로 아는 것인지, 옳은 것인지, 합리적인지 등 사리 판단을 해야 한다. 이것이 반복되면 내가 할 수 있는 말이 무엇이고, 할 수 없는 말은 무엇인지 알게 된다. 신이 아닌 사람의 영역에서 할 수 있는 말은 하고, 할 수 없는 말은 안 하는 것이 현명하다.

어떤 '유명 종교인'에게 심취하더니 가정의 평안과 주변의 신뢰를 점점 잃어 끝내 어디서 뭐 하며 사는지 소식이 끊긴

지인이 있다. 밖으로 알려진 그 종교인의 주장이나 행태를 보면 불순한 종교 장사꾼이나 사기꾼에 불과하다는 의심과 질문을 조금만 해도 이성적, 합리적 판단이 어렵지 않았다. 그러나 지인에게 가끔 그런 점에 대해 조심스럽게 말하면 내가 오히려 세상을 편협하게 보는, 무지몽매한 인간으로 전락했다. 지인은 '나만 옳고 나머지는 다 틀리다'라는 생각의 틀에 너무 강하게 갇혔기에 백약이 무효였다. 그가 평소 '신이란, 종교란 나에게 무엇인가?'란 생각과 질문을 자기 자신에게 주체적으로 했다면 절대 일어나지 않았을 일이다.

인생을 어떻게 살지, 세계와 어떻게 관계를 맺을지 스스로 부지런히 생각하지 않으면 아무렇게나 사는 대로 생각하게 된다.

유력인 금송아지보다 내 쌀 한 톨이 소중하다

누군가가 미워 흉보고, 욕을 해도 분이 풀리지 않으면 증오憎惡와 저주詛呪를 하게 된다. 증오는 누군가를 죽이고 싶을 만큼 미워하는 것이고, 저주는 죽어버리라고 주문을 외우는 것이다. 이 단계가 되면 상대를 동등한 인권을 가진 인간으로 보지 않는 혐오병嫌惡病이 찾아온다. 문제는 나의 증오, 저주, 혐오에도 불구하고 상대는 까딱없이 잘만 산다는 것이고, 그 모든 분노의 대가로 내 몸에 화火만 가득 쌓인다. 이것이 오래 되면 병이 생긴다.

가까운 개인 간이라면 안 보면 그만이다. 아는 게 병, 모르는 게 약이라 안 보는 사이 세월이 흐르면 그런 마음도 녹아

버렸다. 문제는 정치, 이권이든 이념이든 정신적 만족이든 정치에 깊이 몰입되면 증오와 저주, 혐오도 강해지고, 대상도 늘어났다. SNS로 발언 기회가 많아져 뜻이 다른 사람에 대한 마음속 증오를 표출해야 속이 시원하고, 친했던 사람과 정치적 의견 충돌로 인간관계를 끊는 일도 다반사였다.

그런데 내가 지지하는 정당과 정치인이 잘되고, 심지어 대통령이 돼도 내 집에 공짜로 쌀 한 톨, 커피 한 잔 생기지 않았다. 권력은 온전히 잡은 사람 것이었지 응원한 내가 나눠 쓸 권력은 눈곱만큼도 없었다. 내가 진영으로 나뉘어 반대파와 박 터지게 싸울 때 정작 권력자들은 후손까지 잘 먹고, 잘 살 재산을 모았고, 방송 카메라가 없는 곳에서는 내 당, 네 당 구분 없이 폭탄주 돌리며 친하게 놀고 있었다. 9부 능선 위에서는 권력자들끼리 그렇게 한 편인데 저 아래 3부 능선에나 있는 나는 뭣도 모른 채 분노와 한탄으로 내 가슴에 화를 쌓았다. 아아, 그토록 어리석을 수 있었다니!

나는 깨달았다. 세상이 나를 중심으로 돌아야 한다는, 유력자 금송아지보다 내 쌀 한 톨이 더 소중하다는, 지극히 당연한 사실을! 내 삶에 집중하지 않고, 내가 아닌 남을 추종하고, 그의 성공을 간절히 기도했던 과거가 심히 한심하고 부끄러웠다.

대권후보에 집착하는 대신 내 삶에 집중했더니 마음이 훨씬 부유해졌다.

슬기로운 사회생활, 솔직이 무기다

세상만사 차라리 솔직했을 때가 속이 편했다. 난관에 부딪힌 일도 최대한 잘 풀리는 쪽으로 해결됐다. 솔직하면 반성도 사과도 잦았지만, 오히려 마음은 떳떳했다. 물론 선의의 거짓말은 좋은 관계 유지를 위해 꼭 필요하다. 악의의 거짓말, 남을 속여 이익을 취하거나 거짓말로 모략해 손해를 끼치는 언행은 시간이 지나면 어떻게든 진실이 드러남으로써 그 대가를 치러야 했다. 그때마다 업보業報나 '뿌린 대로 거둔다'라는 말이 자연의 섭리임을 실감했다.

사회생활은 일부러 거짓말을 해야 할 때가 많았다. 그러나 그 거짓말은 반드시 나에게 부메랑이 돼 돌아왔다. 난관이나 곤란에 처하면 차라리 이실직고한 후 대책을 찾는 것이 늘 문제해결에 도움이 더 컸다. 거짓말 한 번 않고 평생을 살았다는 사람, 그 말부터 거짓말이다. 사회생활에 다소의 거짓말은 양념이다. 그러나 남을 속임으로써 내 이익을 취하려는 나쁜 거짓말을 반복하다가 오랫동안 쌓은 모두를 송두리째 잃는 사람, 오늘도 TV 뉴스에 나올 것이다.

악의에 찬 거짓말은 남이 아니라 자기 자신을 파괴한다.

어젯밤 술자리 걱정도 팔자

술을 많이 마셔 전날 기억이 흐릿하면 같이 마셨던 사람들에게 '어제 술자리에서 별일 없었는지' 확인하는 일이 통과의례였다. 혹시 실수나 하지 않았는지 걱정돼서다. 그러다가 그런 전화를 안 하게 됐다. 무슨 큰 실수라도 했다면 먼저 연락이 올 것이고, 연락이 없으면 별일 없었겠거니 여기면 되는 거였다. 상대방도 정확히 기억 못 하기는 마찬가지인 데다 자기 일에 바빠 어제의 나를 신경 쓰고, 기억할 여유가 없으니 먼저 물어본 사람만 감점을 자초한다. 돌아보면 술과 보낸 세월에 '여러모로 다양하게' 일이 많았으나 운이 좋아 큰일이 없었다. 그러나 술에 대한 사회 인식이 변했고 기술도 눈부시게 발전해 취중 실수로 한 방에 훅 가는 사람들을 뉴스에서 종종 보는 터, 이제는 조심 또 조심한다.

남들이 나에 대해 무슨 생각을 하는지 너무 신경 쓰지 말자. 사람마다 자기 일로 너무 바빠 나에게까지 신경 쓸 새가 없다.

〈술꾼들〉
빈센트 반 고흐

벼랑 끝 소나무,
위기는 기회

'개 눈에는 똥만 보인다'고 같은 산을 오르더라도 요리사는 먹거리, 목수는 나무, 투기꾼은 산기슭 땅부터 눈에 띈다. 내 눈에는 높은 벼랑이나 바위틈 같은 척박한 곳에 어렵게 뿌리내려 굳세게 자란 나무가 항상 눈에 띈다. 그런 나무는 주로 소나무다. 길을 걸을 때면 보도블록 틈을 뚫고 자란 민들레, 육교 계단 틈바구니에서 자라는 잡초에 눈이 간다. 그동안 난관을 헤쳐왔던 연민의 정이자 동지애다.

어렵고 힘든 일에 막히면 산에 올라 높다란 절벽 바위에 붙어 굳세게 자라는 소나무를 한동안 바라보며 에너지를 충전한다. 그 나무는 위기를 독점독존獨占獨存의 기회로 반전시

켰다. 온실의 화초처럼 살면 좋겠지만 거친 들판의 잡초처럼 비바람 폭설 견디며 살아내야 할 운명이라면, 어떻게든 살아내야지 별수 있겠는가. 별수 없다.

위기危機의 뒷말은 기회機會다.

천상천하 유아독존天上天下 唯我獨尊, 그리스인 조르바

'그리스인 조르바'는 무소뿔처럼 신 앞에 당당하다. "신이 인간을 구원하는 것이 아니라 인간이 신을 구원해야 한다"고 큰소리치며 신과 대결한다. 신의 계명은 인간의 내면에 충실했던 조르바의 털끝도 건드리지 못한다. 트로이 전쟁 승자 오디세우스는 뱃사람의 무덤인 세이렌의 유혹을 이겨내도록 자기 몸을 돛대에 묶고, 선원들의 귀를 밀랍으로 막게 했지만, 조르바는 몸을 돛대에 묶지도, 밀랍으로 귀를 막지도 않고 뚜벅뚜벅 걸어서 세이렌의 바다를 통과한다.

이것이 조르바다. 운명아 길을 비켜라, 내가 간다! 조르바는 자기가 지금 하는 일에 '몰입沒入' 한다. 현실에 얽매이지 않는 산투르 연주자가 되고 싶어 가정을 포기한다. 원하는 대로 도자기 빚는 것을 방해하는 새끼손가락을 작두로 잘라버린다. 생각과 이론보다 행동과 실천을 중요한 덕목으로 여기는 조르바는 '물질에 승리하는 자유로운 영혼'의 대변인이다. 조르바는 '우리는 나를 가두는 감옥, 오직 나의 욕망에 집중하는 사람'이다.

천상천하 유아독존, 하늘 위 하늘 아래 오직 내가 존귀하도다.

나는 아무것도 바라지 않는다
나는 아무것도 두렵지 않다
나는 자유다

- 『그리스인 조르바』 저자 니코스카잔차키스 비명碑銘

인생은 무대뽀, 병만이처럼 해봤어?
― 계획은 사람이 하나 이루는 것은 하늘이다

산골에서 태어났다. 집은 몹시 가난했고, 군대를 면제받을 정도로 키는 작았다. 고등학교 졸업 후 생활전선에 뛰어들었다가 개그맨을 꿈꾸며 무작정 서울로 왔다. 어머니가 챙겨준 30만 원이 전부였다. 외모를 이유로 비전을 꺾는 연기학원을 나와 대학로 소극장에서 수련했다. 돈이 없어 극장 무대에서 잠을 자기 일쑤였고, 탁한 공기로 목이 아프면 마로니에 공원에서 자기도 했고, 공중화장실에서 몸을 씻다 망신을 당하기도 했다.

MBC, KBS 개그맨 공채 시험에 7번 낙방, 백제대 방송연예과 3번, 서울예전 연극과 6번, 우석대, 서일대, 명지대 낙방,

낙방 또 낙방. 좌절은 했지만, 포기는 안 했다. 7전 8기, 여덟 번째 도전에 나서 KBS 개그맨 공채에 합격했다. 비슷한 또래들은 벌써 저만큼 앞서나가고 있었지만 '스타'의 길은 좀체 열리지 않았다.

"쉬지 않고 했습니다. 기어서라도 가겠습니다.
가진 건 꿈밖에 없었습니다.
될 때까지 했습니다."

1975년생 '달인 김병만 족장' 이야기다. 무대뽀 정신! 일단 행동Action을 하면 다음에 해야 할 행동이 찾아온다. 그러다 어느 순간 운도 따른다. 포기는 배추 셀 때나 쓰는 말이고, 실패는 바느질할 때나 필요하다.

모사재인 성사재천謀事在人 成事在天, 계획은 사람이 하지만 이루는 것은 하늘이다. 승자는 되는 이유를 찾아 행동하고, 패자는 안 되는 이유를 찾아 행동하지 않는다. 힘들고 어려워 좌절이 찾아오면 스스로 물어보자.

"병만이처럼 해봤어?"

줄탁동시啐啄同時, 안에서 깨고 밖에서 쪼아야

'줄탁동시'는 달걀 속 병아리가 껍데기를 깨고 바깥세상으로 나오기 위한 과정이다. 안에서 새끼가 스스로 껍데기를 깨는 줄, 밖에서 어미 닭이 새끼를 돕기 위해 껍질을 쪼는 탁啄이 함께 해야 병아리가 탄생한다. 순서는 당연히 줄이 먼저, 안에서 새끼가 껍데기를 깨려고 노력해야 어미도 밖에서 돕는다.

하늘은 스스로 돕는 자를 돕는다. 간절히 원하면 온 우주가 나서서 돕는다. 인생에 단절이란 없다. 점이 모여 선이 되고, 선이 모여 면이 되고, 면이 모여 입체가 된다. 미래를 계획하되 설계하지 말고 그냥 걸어라. 걷다 보면 세상이 나를 위해 닦아놓은 길을 만나게 된다. 반드시!

앉은 자리를 바꿔야 풍경이 바뀌듯,

새로운 세계를 만나려면 살고 있던 세계를 깨부숴야 한다.

〈팔콘〉
악셀리 갈렌 칼렐라

불혹不惑,
아무도 유혹하지 않는다

세상에는 세 부류의 사람이 있다. 변화를 만드는 사람, 변화에 잽싸게 편승하는 사람, 도대체 무슨 일이 벌어지는지 모르는 사람. 40대 나이 불혹不惑, 어떤 유혹에도 흔들리지 않는 나이가 아니라 아무도 유혹하지 않는 나이니 오로지 실력으로 대결해야 한다. 40대를 지나면 변화를 주도하기 어렵고, 50대를 지나면 변화에 편승하기도 어렵다. 인생의 승부를 거는 분수령은 거의 40대 근방에 있었다.

꿈을 수첩에 적으면 목표가 되고,
목표를 잘게 쪼개면 계획이 되고,
계획을 행동에 옮기면 꿈은 현실이 된다.

모르는 것이 약,
의절義絶도 약藥

의절義絶은 연緣을 끊는 것이다. 두고 보자는 생각마저 없을 만큼 상대방을 마음속에서 잊어버리는 상태다. 처음부터 아예 몰랐던 관계보다 더 안 좋다. 피곤한 일이지만 평소 상대방으로부터 받는 스트레스가 인연의 필요성보다 훨씬 크다면 차라리 의절하는 것이 심신 건강에 이롭다. 행여 나의 의절로 상대방이 상처받지 않을까 걱정할 필요 없다. 상대가 그럴 것 같으면 의절도 안 했을 것이며, 상대방 역시 내 삶에 죽이 끓든 밥이 끓든 관심조차 없는 것 아니겠는가?

아는 게 병, 모르는 게 약이듯 그 사람 때문에 오랜 시간을 너무 분하거나 힘들어 견딜 수 없는 경우 설령 내가 틀리고 그가 맞더라도 의절로써 아예 모르고 사는 것이 약藥이다. 원수를 만들면 외나무다리에서 만났을 때 피할 길이 없으니, 원수를 만들지 말라지만 그것은 그 사람에게도 마찬가지다. 의절은 그런 것 저런 것 생각하거나 따지지 않고, 그냥 하는 것이다.

오직 나의 욕망에 집중하기도 바쁜 세상,
좁고 깊은 인연이어야 가치도 높다.

실익 없는 말싸움 하지 않기

누구나 말싸움 지는 것은 싫어한다. 승부 근성이 센 사람은 더하다. 말싸움 자주 하다 관계가 멀어지고, 술자리에서 주먹 다툼으로 번지기도 다반사다. 한때는 나와 의견이 다른 상대가 틀렸다고 주장하기 위해 기를 썼는데 이젠 상대 말이 맞으면 내가 틀렸음을 쉽게 인정한다. 정치이념, 역사해석, 사회갈등, 인생 신조 등 분야를 막론하고 그렇다. 내 주장 빡빡 우겨 관철된들 대단한 뭐가 생기는 것도 아니었고, 누구나 자기 생각이 있는데 그것을 말싸움으로 바꾸려면 상당한 에너지를 소비해야 한다. 누가 나와 생각이 다르면 굳이 틀렸다고 시비하기보다 '아, 그런가요?' 하며 지나가면 그만이다.

SNS도 마찬가지다. 나와 생각이 다른 사람의 글이 눈에 띄면 그럴 만큼 친한 사이 아니면 그냥 지나치지 굳이 댓글로 토를 달지 않는다. 내 글에 누가 반박을 해도 마찬가지로 대응하지 않는다. 설득은 어렵고 말싸움만 커질 확률이 높다. 더구나 아무 결정권도 없는 사람끼리 논쟁하고 얼굴 붉힌들 서로에게 남는 것도 없다. 정치인에 대한 팬덤과 호불호가 특히 그렇다. 사람마다 본질은 자기 먹고 사는 일인데 나보다 잘나가는 정치인 더 잘되라고 내가 남과 싸우며 살 이유가 있는가? 내 맘에 드는 정치인에게 투표만 잘하면 된다.

내 지갑에서 돈 꺼내기보다 남 지갑에서 돈 꺼내기가 백 배는 어렵고, 내 생각을 상대방 머릿속에 집어넣기는 천 배 어렵다. 이 어려운 두 가지를 모두 해내는 사람은 '남편의 아내'밖에 없다.

설명이 필요한 고집불통 외눈박이,
아무리 설명을 해줘도 듣지 않고, 모른다.

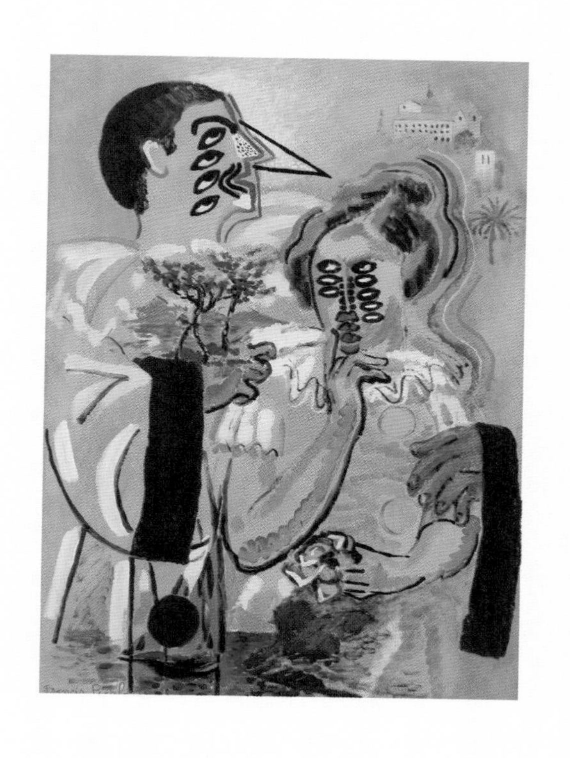

〈무제〉
프란시스 피카비아

스트레스받는 온라인 관계 차단이 답

SNS로만 교류하여 알게 된 사람 간 인간관계란 공기보다 가볍다. 온라인 관계를 오프라인 지인처럼 착각해 신경을 쓰는 것은 정말이지 쓸데없는 에너지 낭비다. 일면식도 없는 사람이 SNS에서 나에게 스트레스를 준다면 그냥 '친구 끊기'를 하거나 투명 인간처럼 서로 보이지 않도록 '차단'을 하는 것이 정신건강에 이롭다. 그렇게 해도 나에게 아무런 물리적 피해가 없었고, 상대방 역시 그렇다.

정치적 의견이 다르다고 무례한 행동을 하는 사람, 순수한 마음으로 베푸는 배려나 친절에도 아랑곳하지 않는 사람, 돈 자랑이나 자식 자랑이 전부인 사람, 오프라인에서 이미 의절義絶해 버린 사람 등을 보며 스트레스받음으로써 내 심신을 상하게 할 이유가 없다. 다들 즐겁자고 하는 SNS 아닌가? 날이면 날마다 우울하고 슬픈 사연, 분노를 유발하는 사연을 올리며 위로나 감정이입을 요구하는 사람도 차단이 답이다. 타인의 기쁨조나 하자고 온라인 공간에 머무르는 것은 아니니까!

인간관계란 쌍방향이지 일방적일 수 없다. 누군가는 나를 차단했겠지만 그건 내가 어떻게 할 수 없는 일이다. 내가 어떻게 할 수 없는 일은 관심 끄는 것이 상책, 내가 없으면 세상도 없다. 나는 세상의 중심이고, 지구는 나를 중심으로 돈다. 이것은 자만과는 결이 다른 자존自尊이다. 자존은 나부터 먼저 나를 존중하는 것이다. 내 집 개도 내가 천하게 여기면 남도 천하게 여기듯 내가 나를 존중해야 남도 나를 존중한다.

타인을 중심으로 사는 사람이 아닌,
나만을 중심으로 사는 사람도 아닌,
나와 세상의 관계를 중심으로 사는 사람이어야 한다.

고개를 들자! 각도가 곧 나의 자존이다.

인생 정답 '단무지'

TV 프로그램 중 '생활의 달인'이 있다. 중장비 포크레인으로 땅바닥에 놓인 날달걀을 자유자재로 옮기는 달인, 새총으로 멀리 놓인 맥주병 뚜껑 옆면을 맞춰 따는 남자, 햄버거 한 개에 들어갈 고기 재료(패티) 정량 120g을 저울이 아닌 손으로 재는데 오차가 ±1g을 넘지 않는 수제 햄버거 달인 등등. 이들의 정확도는 머리가 아니라 몸이 일을 기억하는 수준이라 가능하다. 몸이 기억하는 비결은 오로지 하나 단무지! '단순, 무식, 지속'이다. 한 분야에 거장이 되기 위한 조건인 '일만 시간의 법칙'도 결국 단무지다.

글쓰기는 감각이다. 문장을 가지고 놀려면 머리가 아니라 손에 글이 붙은 경지여야 한다. 습작과 필사筆寫(베껴 쓰기)를 산더미처럼 쌓지 않은 사람이 유명한 작가가 된 예는 없다고 봐도 무방하다. 보고서를 간결 명료하게 쓰는 직장인은 하루 아침에 만들어지지 않는다. 자기가 하는 일의 시작과 끝을 꿰뚫어야 간결 명료하게 설명하고, 보고할 수 있다. 보고를 받는 상관 역시 전후좌우를 간파하지 못하면 간결한 보고를 받을 능력이 생기지 않는다. 시장과 소비자에 대해 속속들이 아는 카피라이터가 불멸의 한 줄 카피를 써낸다.

구르는 돌에 이끼 끼지 않고, 이사가 잦을수록 살림살이만 깨진다. '단무지'로 한 가지 일을 반복하는 것이 거장에 이르는 지름길이다.

성공의 반대말은 실패가 아니라 포기,
낙숫물이 바위를 뚫고, 파도는 끝내 절벽을 이긴다.

2장

땅을 딛고 별을 본다

겸손해서 손해 본 적 없다

노익장들과 산에 오른 적이 있다. 모두 자기 영역에서 성공한 사람들이었다. 정상 인근에서 도시락을 먹을 때 성공 비결이 무엇이었는지 대화가 오갔다. 설왕설래 끝에 '겸손해서 손해 본 적 없었다'는 결론에 도달했고, '건강한 놈이 이기는 놈'이란 처음이요, 마지막 무기에 모두 동의했다.

사전을 찾아보니 겸손謙遜은 '남을 존중하고 자기를 낮추는 태도를 보이는 것'이었다. 그러니까 겸손은 남을 존중하는 것이 나를 낮추는 것보다 먼저였다. 그것을 스스로 각성하는데 20년이 걸렸다. 나이가 들어갈수록 얼굴은 온화해지고, 마음은 넉넉해지는 노신사가 머릿속에 그려진다. 언제든 겸손해서 손해 본 적 없었다는 말을 후배들에게 자신 있게 할 수 있길 빈다.

겸손은,
고개를 숙이는 각도가 아니라 마음을 숙이는 각도이다.

발은 땅에 눈은 별에

'두 발을 땅에 딛고 하늘의 별을 보라'는 금언을 아버지께서는 알기 쉽게 '적게 먹고, 가는 똥 싸라'는 금과옥조(?)로 내게 남기셨다. 어느 계약직 면접을 볼 때 면접관이 '나이나 경력으로 보면 급수가 너무 낮은데 괜찮겠습니까?'라고 우려하는 질문을 했다.

"지금 제 나이가 적지 않습니다. 급여를 보니까 가족 부양하는 데 부족함이 없고, 맡게 될 일도 관심 분야라 재미있을 것 같습니다. 감지덕지합니다."

솔직한 답변이었고, 합격해 다니다 보니 대만족이었다. 만

약 그때 직급 낮다고 다른 기회를 찾았다면 보장되지 않은 취직과 기회비용이 어떻게 됐을지 모르겠고, 가족부양을 위한 경제적 스트레스도 적지 않게 받았을 것이 분명했다. 모든 병의 원인은 정신의 스트레스!

불투명한 미래의 큰 떡을 먹자고 지금 눈앞에 있는 작은 떡을 포기하며 배를 곯기보다 일단 작은 떡을 먹으며 기회를 만들어 큰 떡을 먹을 수 있으면 그것이 상책, 자고로 아버지 말씀처럼 적게 먹고 가는 똥 싸면 인생이 편했다.

무리하지 말자.
세상일마다 지나치면 부족한 것보다 결과가 더 안 좋았다.

〈몽페르밀의 건초 만드는 사람들〉
조르주 쇠라

우생마사牛生馬死,
소는 살고 말은 죽어

어느 여름 TV에서 '우생마사'를 눈으로 보았다. 홍수로 세상이 물에 휩쓸리면 말은 제힘을 믿고 물과 싸우다 제풀에 지쳐 죽지만 소는 흐르는 물에 몸을 내맡김으로써 산다는 뜻이다. 삶의 지혜를 위해 사람이 그냥 지어낸 말로 생각했는데 2019년 남도를 강타했던 폭우로 홍수가 났을 때 실제 소가 그렇게 떠내려가다 사는 것을 보았다. 소가 사는 길이 노자의 상선약수上善若水였다.

홍수에 소처럼 굴어 살아난 사람도 있었다. 아는 사람이 초등학생 때 또래 아이들과 산골 동네 개천에서 놀다 상류 방죽이 터져 급히 불어난 물에서 빠져나오지 못해 떠내려가기 시작했다. 개천가로 헤엄쳐 나가려 몇 번 용을 쓰다 힘이 빠지자 그냥 물에다 몸을 맡기고 떠내려가는 쪽을 선택했다. 죽은 듯 떠가며 숨만 뻐끔뻐끔 쉬었는데 옆 마을 지나고 또 그 옆 마을을 지날 때쯤 발이 땅에 닿아 살아났다고 했다.

몸에서 힘을 빼야 한다.

몸에 힘이 잔뜩 들어있는 사람의 일상은 피곤할 수밖에 없다.

한 걸음 멈추면 두 걸음 나아간다

어려움을 겪는 두 친구에게 힘내라는 응원으로 유명 브랜드 커피 쿠폰을 핸드폰으로 보냈다. 한 친구는 곧바로 '고맙다. 덕분에 힘이 난다'는 문자메시지 답을 보내왔는데 다른 친구는 묵묵부답이었다. 하루가 지나도 여전했다. '커피 한 잔이라고 성의를 무시하나? 어려운데 겨우 커피나 보내 혹시 마음이 상했을까?' 그런 생각이 들어 "취향에 맞는 봉다리 커피믹스로 다시 보내줄까? ㅋㅋㅋ"라 문자메시지를 보냈다. 그때야 친구가 "정신이 없어서 깜박했다. 잘 마실게"란 답을 보내왔다. 염려했던 마음과 꿍했던 마음이 동시에 풀렸다. 이것, 저것, 그것, 고것이 함께 섞여 달콤한 커피믹스처럼 세상사 늘 지켜보고, 알아보고, 기다려 보고, 물어본 후에 판단하는 게 혼자서 즉시 판단하는 것보다 무조건 달콤했다.

징검다리는 홍수에 휩쓸리지 않고,
듬성듬성 구멍 난 돌담이 태풍에 무너지지 않는다.

화살이 입술을 떠나기 전에

평소 가깝게 지내던 저자가 몇몇 선후배와 신간 출판기념회를 조촐하게 한다며 오라고 했다. 주말 오후 대중교통으로 두 시간 넘게 걸리는 곳이었다. 감기로 힘들었지만, 저자 응원차 길을 나섰는데 현장에 도착하니 아무도 없었다. 건물 관계자가 '모임이 취소된 것 같다'고 했다. 황당하고 화도 났지만, 어떤 사정이 있었겠거니 하며 저자에게 당장 별말은 하지 않았다.

한참 후 넌지시 사정을 알고 보니 내가 그의 초대 문자메시지에 답변을 '간다, 안 간다' 명확하게 하지 않은 것이 취소 연락을 못 받은 원인이었다. 내 잘못이 먼저였는데 혼자 꽁했거나, 다짜고짜 저자에게 화부터 냈거나, 어디서 흉이라도 봤다면 이후 또 다른 말들이 더해지면서 저자와 관계가 예전과 달리 멀어지거나 틀어졌을 것인데 그러지 않은 것이 다행이었다.

이미 내뱉은 말과 엎지른 물은 다시 주워 담을 수 없었다. 생각 없이 쉽게 한 말이나 글로 곤경에 빠지면 얻는 것보다 잃는 것이 훨씬 많았다. SNS에서 누군가를 향한 막말이나 조롱이 당장은 스트레스가 풀려 시원한 듯해도 그로 인해 그때까지 쌓은 평판이나 이미지의 실추가 몇 배는 더 컸다.

시위를 떠난 화살은 되돌아오지 않을 뿐이나,
입술을 떠난 화살은 더 큰 화살로 부메랑이 돼 나를 쏜다.

직설은 후퇴하고 유머는 전진한다

어떤 친구가 카톡방에 올린 글에 누가 봐도 농담인 말을 답으로 올렸는데 그 친구가 버럭 화를 냈다. 기분이 상했고 카톡방 분위기도 싸늘해졌다. '농담에 화를 내냐?'고 따지려다 "농담을 다큐로 받아들이시니 살짝 황당합니다. ㅋㅋㅋ"라 답글을 올렸다. 그러자 그 친구가 따로 개인 메시지를 보내왔다. 글을 잘못 해석해 순간 민감하게 반응한 것 같다며 미안하다고 했다. 잘못 읽도록 글을 쓴 내가 문제라며 우리는 웃었고, 그 친구가 카톡방에 '농담에 화를 내서 미안하다'는 글을 올렸다. 다른 친구들도 일제히 '거…싸우지 말고 삽시다 ㅎㅎ', '날씨가 더우니 미쳤구만. ㅋㅋ' 등 댓글을 올리며 카톡방에 다시 활기가 돌았다.

미국인에게 가장 존경받는 대통령 에이브러햄 링컨은 '당신은 두 얼굴을 가진 위선자'라는 의회 의원의 공개적 비난을 유머 한 마디로 대응해 반전시켜 버렸다.

"내가 얼굴이 두 개라면 하필 이 얼굴을 가지고 나타났겠소?"

〈보트 파티의 점심 식사〉
오귀스트 르누아르

배려심이 중매를 선 멋진 청춘

변호사인 중년 남자가 지인의 모친상 장례식장을 방문해 다른 빈소 앞을 지나다 열 살 정도 돼 보이는 아이의 영정사진을 보았다. 해맑게 웃고 있는 소녀의 스냅사진이었다. 부모의 가슴이 얼마나 아플지 생각하니 그의 마음도 몹시 쓰라렸다. 지인 문상을 마치고 나오다가 혹시 아이의 빈소가 너무 쓸쓸하지는 않을까 싶어, 다시 갔는데 조문객들이 많아 마음속으로 아이의 명복을 빌며 돌아왔다.

대개는 슬픔에 공감하나 생면부지 상주를 위로하기 위해 발길을 돌리지는 않는다. 그가 사법고시 준비로 가난했던 청년이었을 때 모처럼 애인과 데이트를 하던 날 '돼지껍데기'가 값이 싸길래 돼지고기의 일부인 줄 알고 호기롭게 자기가 사겠다며 식당으로 들어갔다. 그러나 막상 나온 것이 돼지고기가 아니어서 당황했는데 별다른 내색 없이 맛있게 먹으려고 최선을 다하는 그녀를 보고 결혼을 결심했다고 털어놓은 적이 있다.

배려심配慮心,
상대의 처지를 이해하려는 마음은 '멋진 배우자 선택'의 결정적 조건이다.

욕이 인격이 되고, 말이 운명이 된다

중년에 이르기까지 욕깨나 하며 살았다. 가까운 동년배 친구들이나 후배들과 술자리에서 어울릴 때, SNS나 인터넷 카페 등에서 사회, 정치적 발언을 할 때 주로 그랬다. 싫어하는 정치인이나 국민의 공분을 사는 악인을 향해 빅욕 한 방 날린 후, 네티즌들이 '욕을 참 찰지게도 잘한다'는 댓글을 달면 우쭐하기까지 했다.

어느 날 저녁 모임 때 식당의 옆 테이블에 중년 사내들이 어울리고 있었다. 학교 동창으로 보이는 이 사람들이 말끝마다 욕을 주고받으며 왁자지껄하게 떠드는 것을 듣고 있자니 나의 과거가 몹시 부끄러워졌다. 말이 곧 인격이요 품격임을

뻐저리게 느꼈다. 그날 이후 공개석상에서 욕설이 섞인 말이나 글은 자제할 것을 결심했다.

화향백리 주향천리 인향만리花香百里 酒香千里 人香萬里, 꽃향기 백 리 가고, 술 향기 천 리 가고, 사람 향기 만 리 간다. 말이 사람을 죽이기도, 살리기도 한다. 내가 하는 말이 내 행동이 되고, 인격이 된다. 인격이 좋지 못하면 운명도 안 좋은 방향으로 꼬인다.

밥상에 오른 명태가 입을 떡 벌리고 있다. 그 입을 다물었다면 저 넓은 태평양을 자유롭게 헤엄치고 있을 텐데!

첫째, 생각을 조심하라. 그것이 너의 말이 된다.
둘째, 말을 조심하라. 그것이 너의 행동이 된다.
셋째, 행동을 조심하라. 그것이 너의 습관이 된다.
넷째, 습관을 조심하라. 그것이 너의 인격이 된다.
다섯째, 인격을 조심하라. 그것이 너의 운명이 된다.

-(故 차동엽 신부의) 『무지개 원리』 중에서

갈마Karma,
신은 다 보고 있다

산스크리트어 갈마羯磨는 불교 사상으로 응보應報, 업보業報이다. 내가 하는 모든 행동은 예상치 못한 방식으로 반드시 되돌려 받는다. 착한 일을 쌓으면 반드시 경사로운 일이 생긴다(積善之家 必有餘慶 적선지가 필유여경-『주역』). 반대로 악행을 쌓으면 반드시 고통스러운 일이 생긴다. 뿌린 대로 거두는 이치이므로 무엇을 돌려받게 될지 신경 쓰지 않고 좋은 일을 많이 베풀수록 미래가 좋아진다.

길거리나 시장 어귀, 지하철에서 도라지 까서 파는 노인을 보거든 애써 한 봉지 팔아주는 것이다. 어차피 필요한 먹거리니, 손해도 아니다. 아르바이트 청년이 내미는 식당, 헬스클럽

선전지도 기꺼이 받아주는 것이다. 그가 빨리 일을 마치고 집에 돌아가 미래를 준비할 수 있도록!

절간 스님의 지팡이에 방울이 달려 소리를 내는 것은 벌레에게 스님 신발에 밟히지 않도록 미리 피하라 알리는 배려가 담겨있다. 남에게 매우 인색한 부자富者에게 몹시 불행한 일이 생기는 것을 나는 자주 보았다.

신은 시력이 아주 좋아 사소한 베풂까지도 다 보고 계신다!

〈탈출〉
게오르그 슈림프

낮말은 새가, 밤말은 쥐가 들었다

’남을 욕한 사람이 가장 먼저 죽고, 그 욕을 전달한 사람이 두 번째로 죽고, 욕을 얻어먹은 사람이 가장 오래 산다‘라는 불가佛家의 말은 과학적이다. 욕이 부르는 화禍와 분노, 스트레스는 뇌의 독성물질 분비를 촉진해 몸을 망가뜨린다. 스트레스가 만병의 원인이란 말, 욕먹는 사람이 오래 산다는 말이 그냥 나온 것이 아니다. 분노가 쌓인 사람이 내뿜는 날숨은 독성이 많아 꽃과 벌레를 죽인다.

욕을 줄이려면 남 말을 줄여야 한다. 남 말 중에도 흉을 보지 말아야 한다. 세상 참 희한하게 내가 남 흉을 보면 시간이 걸리더라도 반드시 당사자 귀에 그 사실이 들어갔다. 낮말은 새가, 밤말은 쥐가 듣는 것이었다. 그런 일을 숱하게 겪었는데 그때마다 내가 이미 해버린 말을 주워 담을 도리는 없었다.

남을 칭찬하는 말은 마구 퍼주되 남을 욕하거나 흉보는 말은 입에 지퍼를 채워야 한다. 특히 출세하려는 사람은 대장 흉을 함부로 보면 안 된다. 대장은 정보 입수 안테나가 백만 개라 어디서 누가 자기에게 무슨 말을 하는지 다 들어온다. '없는 자리에서는 임금님 흉도 본다'라는 속담대로 했다가 목이 날아갔던 신하가 역사 속에 널려있다.

발 없는 말이 지구를 아홉 바퀴 반을 돈다.

이청득심以聽得心,
말 들어주다 마음 얻는다

세상에 주관과 고집 없는 사람은 없다. 님이란 글자에 점 하나만 찍으면 남인 사람끼리 만나 부부가 돼 가족을 경영하는 일이란 주관 대 주관, 고집 대 고집이 끊임없이 싸우고, 타협하는 과정의 연속이다. 그런데 살다 보니 눈에 띄게 부부싸움이 줄었다. 어쩌다 싸워도 가벼운 설전으로 끝내고 만다. 싸움이 줄어드니 사는 일이 덜 피곤해서 좋다. 뭐가 둘을 변하게 했지?

말을 들어주는 것이었다. 그제 하고, 어제 한 말 또 해도 전혀 처음 듣는 것처럼 맞장구치며 들어준다. 듣다 보면 신경질 모락모락 나는 말도 허허 웃으며 들어준다. 화난 일은 같이 마구 화를 내고, 슬픈 일이라면 더 슬퍼하고, 기쁜 일은 마구 손뼉을 치는 것이다. 살펴보면 돈이 들거나 어려울 것 하나 없는 일이다. 천하를 평정했던 칭기즈칸도 '내 이름도 쓸 줄 몰랐지만 남의 말에 귀를 기울여 현명한 판단을 구했다'고 했다.

말을 듣는 것이 곧 지혜와 사람을 얻는 길이요,
말을 끝까지 들어주는 사람이 단 한 명만 있어도 모진 세상 살아진다.

그물에 걸리지 않는 바람처럼

바람은 제 살을 찢어 그물을 통과한다. 바람은 산허리를 돌아간다. '그물에 걸리지 않는 바람'은 상선약수上善若水와 같다. 물이나 바람이나 막히면 싸우는 대신 돌아서 앞으로 간다. 사람에게도 물처럼 바람처럼 완벽하게 자유로운 정신이 가능할까? 해탈한 석가모니도 제자들이 섭섭해 잔소리했다는데 물처럼 바람처럼 살기란 어려운 일이다.

다만, 그 물과 바람을 닮으려 노력해 볼 수는 있다. '나는 어떤 사람'이라고 미리 정하지 않는 것이다. 절대 어길 수 없는 원칙이란 없다. 때에 따라 그때그때 원칙이란 바뀔 수 있는 것이다. 사람은 늘 변하므로 한 번 아닌 사람이라도 끝까지 아닐

필요는 없다. 그때그때 판단하는 것이다. 모난 돌이 정 맞으므로 모를 없애는 것이다. 낭중지추囊中之錐, 주머니에 숨긴 송곳은 드러나기 마련이므로 아예 송곳을 숨기지 않는 것이다.

처세에 능한 사람을 '기름 뱀장어'라고 흉보는데 나는 원리원칙에 갇힌 싸움닭보다 차라리 기름 뱀장어를 지향한다. 처세에 능한 사람이 악인이 아니면 그가 곧 그물에 걸리지 않는 바람 같은 사람이다. 네모를 만나면 네모가, 세모를 만나면 세모가, 동그라미를 만나면 동그라미가 되는 물처럼 바람처럼 유연한 사람이 세상을 더 살만하게 만든다. 대나무, 갈대처럼 유연하고 부드러운 삶은 성격이 아니라 삶을 대하는 자세와 철학에 달렸다.

유연한 삶의 자세와 철학,
책에서 가장 많이 얻을 수 있었다.

〈올리브 과수원〉
빈센트 반 고흐

알아야 면장 한다

'알아야 면장 한다'에 면장은 동네 이장 다음 면장面長이 아니라 앞에 가로막힌 담장 너머를 본다는 뜻의 면장免牆이다. 면장을 하느냐 못하냐는 종이 한 장 차이다. 아는 사람에게는 아무리 단순하고 쉬운 일도 모르는 사람에게는 넘을 수 없는 장벽일 수밖에 없다.

컴퓨터 본체만 업그레이드를 맡겼다가 찾아와, 모니터와 연결했는데 화면이 제대로 안 떴다. 컴퓨터를 껐다 켜는 것을 반복하다가 밤 9시가 넘었지만 일을 마쳐야 해서 컴퓨터 수리점 사장을 원망하며 전화를 걸었다. 증상을 말하니, 혹시 모니터와 컴퓨터 연결선이 두 개냐고 물었고, 그렇다고 하니 선하나를 빼라 해서 뺐다. 모니터가 바로 정상으로 되었다. 나의 컴맹 탓이었다. 수리점 사장에게 화부터 안 낸 것이 얼마나 다행이었는가!

'알아야 면장 한다'는 말을 하자니, 돌아가신 어머니 생각이 난다. 어머니는 대체 글자와 숫자를 모른 채 평생을 살기가 얼마나 답답하셨을까, 생각하면 가슴이 아린다. 사는 동네를 떠나 객지라도 나가면 이정표, 간판, 가격표, 대기 번호표, 버스 목적지, 지하철 출구 등등 아주 사소한 것까지도 누구든 붙잡고 물어보거나 도움을 받아야 했을 삶을 생각하니 눈물이 난다.

누군가 길이나 글을 물으면 아는 만큼 친절히 가르쳐주자.
그가 한글을 모르거나 시력이 안 좋은 사람일 수 있으니까.

한 발 뒤로 물러서서,
가만히 지켜보기

옛날과 달리 큰 뉴스가 터지면 인터넷을 통해 즉각적으로 내 의견을 표출할 창구가 아주 많다. 그러니 무슨 사건이라도 나면 나라가 뒤집힌다. 대부분은 속내를 제대로 알지 못하면서 표면만 보거나, 자기가 보고 싶은 것만 보면서 분노, 저주, 증오의 화火를 쏟는다. 이것이 잦으면 자기 몸에 독소를 쌓아 병을 부른다. 이는 의학적 연구 결과다.

언론 기사든 카톡방이든 어떤 사건이 나면 한 발 뒤로 물러서서 가만히 지켜볼 필요가 있다. 내가 잘 모르는 사건에 즉각적으로 반응하지 않는 것이다. 시간이 흐르면 진실이 조금씩 드러나고 전후좌우가 파악된다. 그때 하는 말이 차분하고 틀리지 않는다. 섣부른 판단으로 마구 이 말 저 말 쏟아냈다가 나중에 진실이 드러나 자신이 틀렸음이 드러나면 언제 그랬냐는 듯이 슬그머니 숨는 행동은 인생을 좀 살았다는 사람이 할 짓은 아니다.

승자는 보이는 너머를 보고, 패자는 보고 싶은 것만 본다.
승자는 생각한 후 말을 하고, 패자는 말을 한 후 생각한다.

역지사지易地思之,
진짜 폼나는 것은 자랑하지 않기

역지사지, '처지를 바꿔 생각해 보자'는 배려심이다. 요즘은 대부분 SNS를 하는데 인스타그램은 '나 이렇게 잘 살아요.' 하는 곳이고, 페이스북은 '나 이렇게 잘났어요.' 하는 곳이란다. 대충 맞다. SNS에서 특별히 눈에 거슬리는 경우가 몇 가지 있다. 일류 식당에서 최고급 요리를 시켜놓고 자랑하거나, 휴일도 아닌 평일에 골프장에서 노는 사진을 올리는데 그것도 부부 동반이면 더 거슬린다. 보통 사람들 열심히 일하는 평일에 골프장에서 폼나게 노는 것이야 자유지만 그것을 만방에 자랑하는 것은 배려심이 없는 행동이다. 그런 자랑이 잦은 사람은 결국 어느 순간 '팔로잉'을 끊게 된다. 큰 비극적 사건이 터져 사람들이 슬퍼하는 날 즐겁거나 웃기는 내용을 올리는 것도 눈치 없긴 마찬가지다.

어려운 조건을 이기고 훌륭한 성취를 한 자식 자랑은 해도 된다. 그러자고 SNS도 하는 것이다. 로스쿨 합격했다고 자랑하는 것까지는 봐주겠는데 검사, 판사 됐다고 자랑하는 것은 취업 못 한 자식 때문에 속앓이하는 부모들을 배려하지 않는 행동이다. 올림픽에서 금메달을 땄거나 나라를 빛낸 상을 탄 거야 온 국민이 기뻐할 일이니, 자랑해도 되지만 외모 준수한 자식이 공부까지 잘해 매년 전액 장학금을 받아 의사가 돼 기분 좋다는 자랑은 굳이 안 해도 된다. 당신 기분만 좋을 뿐이다. 보통 사람 처지로는 따라갈 수 없는 고비용 취미도 가끔 자랑해야 봐줄 만하다. 부부 사이 금슬이 그리 좋다면 자체로 만족할 일이지 날마다 자랑질이면 실상은 반대인데 자랑을 위한 위장 금슬이나 열등감 때문이 아닐까, 의심스럽다.

누군가에게 뭔가 자랑을 할 때는 그로 인해 좌절할 사람은 없을지, 한 번 생각하고 해야 한다. 된장찌개를 맛있게 끓였다거나, 라면에 만두와 버섯을 넣었다던가, '짝퉁 명품'을 샀는데 좋다거나, 베란다에 꽃이 한가득 피었다거나, 장모님이 맛있는 김치를 보내셨다는 그런 자랑이야 얼마든지 들어도 거슬리지 않는다. 그런 자랑은 사소하거나 사랑스러워서 나에게 상대적 박탈감을 주지는 않으니까. 인터넷에서 산, 비 오면 물이 새는 중고 명품은 자랑하더라도 수백 수천만 원 넘는 진짜 명품을 자랑한다면 그건 배려라고는 털끝만큼도 없는, 비정상 정신상태다.

지구와 돈은 돌고 돈다.
오르막길 오를 때 내리막길이 있음을 잊지 말아야 한다.

도광양회韜光養晦,
칼은 칼집에 숨기고 실력을 길러라

신이 설계해 놓은 어마어마한 우주 질서를 도사가 끼어들어 흩으러 놓을 수 없다. 도사가 예언해 주는 미래는 믿거나 말거나, 맞거나 말거나에 불과한 인간의 말장난, 상술商術일 뿐이다. 점占 보러 다닐 시간과 비용으로 도광양회, 달빛에 칼이 빛나면 남에게 들키므로 칼집에 칼을 숨긴 채 무술을 연마해 고수가 되듯 내 실력을 높이는 것이 먼저다.

물론 점, 손금, 관상, 사주, 팔자 같은 것에 용한 점술가로부터 보통 사람이 알 수 없는 신묘함을 체험했다는 사람도 있지만 '동쪽으로 가면 은인을 만날 것'이란 애매모호한 말 중에 듣고 싶은 것만 들은 탓이거나 우연의 일치일 뿐이다. 도사에게 쓸 돈 있으면 차라리 소고기를 먹거나 좋은 일에 적선積善하는 것이 운수에 이롭다.

그러나 도사가 전혀 불필요한 존재는 아니다. '유능한 도사는 상대방 말을 잘 들어주는 사람'이라는 말처럼, '내 말을 끝까지 들어주는 사람이 단 한 명만 있어도 삶을 절망하지 않게 된다'라는 말처럼, 도사는 화가 나 찾아온 손님보다 더 화를 내고, 슬퍼서 찾아온 손님보다 더 슬퍼하면서 그의 말을 들어줌으로써 마음을 풀어주는 전문 컨설턴트다. 말을 잘 들어주는 일이 가장 뛰어난 점술, 매우 긍정적인 도사의 역할이다.

행여 늙으신 부모님, 아내, 남편이 그제, 어제 했던 이야기 또 하면 처음 듣는 것처럼 맞장구치고, 젊은 딸이 직장에서 분한 일을 겪었다며 흥분하면 마구 화를 내면서 들어주는 것이 진정한 도사의 자세다. 그래야 집안에 평화도 깃든다.

운복運福은 남다른 노력의 결과물,
승자는 자신의 노력과 능력을 믿고 패자는 점쟁이 말만 믿는다.

평강공주랑 친하다고 자랑하는 바보 온달

사기꾼의 공통점은 사무실에 만국기를 걸어놓거나 책상 위에 지구본이 있고, 힘 있는 유명인과 찍은 사진을 사무실에 크게 확대해 걸어두는 것이다. 사기를 당하는 사람은 그 뻔한 허세에 속는 사람이고, 당하지 않는 사람은 그 허세를 재빨리 눈치채는 사람이다.

유력인사와 친분을 자주 과시하거나 함께 찍은 사진을 내보이며 자랑하면 상식적인 사람들은 대부분 '저 사람하고 친한 당신은 뭔데? 그래서 어쨌는데?' 식의 반응을 보일 뿐만 아니라 그를 신뢰하기 어려운 모사꾼으로 인식한다. 물론, 연예인이나 스포츠 선수 등 소위 대중스타를 우연히 만났다거나 그와 친분이 있다고 자랑하는 것은 다르다. 대중스타 팬심은 삶의 양념이자 즐거움이라 사기성 허세와 무관하다.

유력자 누구누구랑 친하다는 사실이 내 가치나 평판을 올려주지 않았다. 작더라도 나만의 성城을 쌓는 것이 실익이지 유력자의 성에 빌붙어 봐야 그 성만 빛나게 해줄 뿐 내 것으로 남는 것은 별로 없었다.

평강공주랑 친하다고 자랑하는 바보 온달이 되지 말고, 평강공주가 친하다고 자랑하는 내 삶의 주인공 온달 장군이 되자.

공부와 아부는 평소에

'맘에 없는 말'을 잘해야 성공한다. 2000년대 초반 독일에서 출판된 책에 관한 기사를 본 기억이 있다. 책 제목이 '생각대로 말했더니' 비슷했는데 일상 대화에서 마음속 생각을 있는 그대로 말하는 실험을 사람들 몰래 해본 것이었다. 예를 들어 모처럼 친척댁을 방문했는데 음식을 정성껏 준비한 친척의 맛있냐는 질문에 속마음 그대로 '입맛에 안 맞다'라고 대답하거나 새로 맡은 프로젝트가 어떠냐는 상관 질문에 '일이 재미가 없어 실패할 것 같다'라고 대답하는 식이었다. 결과는 석 달도 안가 기존 인간관계가 대부분 파탄이 나면서 사회적으로 고립됐다.

사람을 대할 때 '솔직함이 무기'이긴 하나 무조건 그런 것은 아니다. 분위기와 상대에 따라 선의의 거짓말이나 아부, 가식, 과장, 엄살, 너스레도 중요하다. 누군가 정성껏 마련한 음식의 맛을 물으면 무조건 따봉을 외쳐야 한다. 속으로는 맛이 없더라도 한 접시 더 달라고까지 하는 너스레야말로 사랑의 기술이자 인간관계의 보약이다. 오랜만에 옛 친구들 만나는 모임에서 만나자마자 대뜸 "너 어디 아프냐? 안색이 왜 그래?" 같은 인사말은 초장부터 상대의 기분을 잡치게 하는 쥐약이다.

평소 맘에 없는 소리는 절대로 못 하는, 매우 소신 있고 강직한 사람이 지인들에게 고약스럽도록 바른말(?)만 했다가 자식 혼사 치르는데 하객이 적어 썰렁한 예식장을 본 적이 있다.

공부와 아부는 평소에 하자.
갑자기 하면 표만 날 뿐 효과도 별로다!

〈천막 아래〉
호아킨 소로야

함부로 충고하지 않기

'내가 너니까 솔직히 말하는데 내 말 기분 나쁘게 듣지 말고…' 이러면서 하는 말은 틀림없이 기분 나쁘다. 겉으로는 좋은 말 해줘서 고맙다고 하지만, 돌아서서 '흥! 제까짓 게 뭔데' 하는 게 사람 마음이다. 앉은 자리에서 화를 내는 사람도 있어 즉시 관계가 틀어지기도 한다.

가까운 사이라도 '충고'는 가능한 삼가는 게 좋다. 어쩔 수 없을 때도 상대방 기분 상하지 않도록 조심스럽게 해야 한다. 충고라고 늘어놓을 때 상대방이 '응응'하면 마치 자신이 현자賢者라도 된 것 같아 기분이 우쭐하기도 하지만 과연 '누구에게 충고할 자격증'이 있기나 하는지부터 살필 일이다.

『삼국지』 최후의 승자 사마의(중달)는 같은 충언이라도 순욱, 양수와 달리 조조가 기분 나쁘지 않도록 조심스럽게 하면서 때를 기다린 탓에 손자 사마염이 진晉나라를 세울 초석을 놓을 수 있었다. 항우를 꺾고 한나라를 세운 유방의 일등 공신 장량(장자방)도 항상 유방의 말을 충분히 들어주면서 그가 기분이 좋을 때 조심스럽게 자기 의견(충고)을 말함으로써 한신이 당했던 토사구팽(兎死狗烹 토끼를 잡으면 사냥개를 삶는다)을 면했다.

남들 다 잘하고 있다. 나만 잘하면 된다.

승자는 꿰뚫되, 드러내지 않는다

누군가에게 속마음을 들키는 것은 유쾌한 일이 아니다. 대장(보스)일수록 더욱 싫어한다. 의중을 들키지는 않았더라도 상대가 마치 '너는 내 손바닥 위에 있다'는 듯이 구는 것 또한 못마땅하다. '너는 어떻다'라고 자기 마음대로 나를 규정하는 언행 역시 불쾌하다.

조조가 한중 땅을 놓고 유비와 싸우다 지쳐갈 무렵 유명한 '계륵(鷄肋 닭갈비)' 암호 사건이 터졌다. 조조는 자신의 속을 훤히 들여다보는 양수가 기분 나빴을 뿐만 아니라, 장차 '위험한 인물'로 판단하게 됐다. 조조는 결국 군기 문란을 이유로 양수를 처형했다. 권력자가 된 후, 의심이 많았던 조조는 특히 자신의 속마음을 읽고 그것을 드러내는 참모를 경계했다.

'죽은 공명이 산 중달을 쫓았다'던 날, 부하로부터 '제갈공명이 이미 죽었는데 속았다'는 사실을 뒤늦게 보고 받은 사마의는 "산 사람이 하는 일도 제대로 모르는데 죽은 사람이 하는 일을 어떻게 알겠느냐?"며 웃고 얼버무려 자신의 속내를 드러내지 않았다.

상대의 속마음을 간파하는 것은 훌륭한 능력이나
그 사실을 상대에게 드러내는 것은 매우 무능한 처세이다.

유머 한 마디가 연설 백 문장을 이긴다

어느 날 정치권 인사의 전화가 왔다. 유력인사의 연설 비서관 자리가 비었는데 면접을 주선하겠다는 제안이었다. 해당 인사가 글쓰기에 워낙 까다롭기로 악명(?)이 자자했던 터라 생각해 보겠다고 한 후 그 인사를 잘 아는 다른 선배에게 전화를 걸었다.

나 아무개 연설 비서관 자리가 비어서...

선배 그 양반이랑 정치철학이 같아?

나 정치철학은 무슨. 먹고 살자는 일인데.

선배 너 그렇게 안 봤는데 아주 형편없는 놈이네? 전화 끊어!

나 (버럭 화를 내며) 아니면 아니라고 하면 되지, 무슨 말을 그렇게 심하게 합니까?

선배 하하하. 날 샜다! 이것도 못 참고 벌컥 하는 주제에 아무개 연설 비서관?

선배의 화끈하고 재치 있는 충고로 면접 추진은 즉각 없던 일이 됐다. 일의 중요한 고비일수록 백 문장 말보다 촌철살인寸鐵殺人의 정곡을 찌르는 한 마디 유머가 설득력이 더 클 때가 많았다.

미국의 넘버원 지도자 링컨 대통령,
영국의 넘버원 지도자 처칠 수상,
이 두 사람의 공통점은 유머 감각이 남다르게 뛰어났다는 것이다.

자업자득自業自得,
뿌린 대로 거둔다

콩 심은 데 콩 나고, 팥 심은 데 팥 난다. 타인의 사생활 폭로를 위협하며 돈을 뜯는 것으로 악명을 떨치던 유튜버가 돌연 활동을 중단했다. 함정에 걸려 폭로된 부도덕, 줄줄이 이어진 피해자들과 소송에서 불리한 판결이 임박했기 때문이라는 소문이 돌았다. 사람들은 그가 파멸을 면치 못하게 됐다며 '뿌린 대로 거두었다'고 진단했다.

뿌린 대로 거두는 현실을 보는 것은 그 유튜버만이 아니다. 자신과 이해관계가 다른 정치인을 무단 공격하고 조롱하며 편파 보도를 일삼던 기자가 불법 사건에 연루돼 망신을 사면서 감옥에 갇혔다. 똑같은 행동을 하다가 본인의 파렴치한

범죄가 드러나 감옥은 물론 정계에서 영원히 퇴출당한 중진 국회의원도 봤다.

물을 소가 마시면 우유가 되고, 뱀이 마시면 독이 된다. 칼도 요리사가 쥐면 맛있는 음식이 나오고, 악인이 쥐면 사람을 해친다. 겨울을 견디면 봄이 오고, 달도 차면 기우는 것이 자연의 섭리, 사람도 자연 안에 있다.

혼자서 온 우주를 경영해야 하므로 바쁘신 탓에 신은 답답할 정도로 느릿느릿 나타나지만 끝내 안 나타나는 경우란 없다. 하늘의 그물은 넓으나 성기어서 결코 새거나 놓치는 법이 없다.

신은 천천히, 그러나 자세히, 다 본다.

〈절망〉
에드바르트 뭉크

3장

나의 힘 나의 마음

배려하는 말이 옳은 말을 이긴다

서울 역전 포장마차에서 가래떡 떡볶이를 처음 먹었던 청년 때 세상에 이런 별미를 여태 몰랐나 싶어 눈물이 날 지경이었다. '길거리에서 떡볶이 장사라도 해야지…'라고 말하는 것은 사정이 최악이라는 뜻이다. 라면만 해도 정상 점포가 아닌 포장마차로는 어렵다.

유명한 음식 비평가가 TV에 나와 "떡볶이는 훌륭한 음식이 아니다"는 말을 자주 해 떡볶이 파는 사람들의 마음을 아프게 했었다. 그러다 때마침 기회가 닿아 정부 요직에 앉으려다 그를 얄미워하던 시민의 저항에 부딪혀 포기해야 했다. 뿌린 대로 거두었던 것인데 아무리 전문가 소신이라도 떡볶이

팔아 가족 부양하는 부모들 입장을 배려해 그런 공개 발언은 삼가야 했다.

말 한마디로 천 냥 빚을 갚는다. 가는 말이 고우면 오는 말도 곱다. 말 많이 해서 좋을 것 없다지만 말은 돈이 한 푼도 들지 않는 치명적 장점이 있다. 상대방이 들어서 기분 좋을 말은 '너무 표 안 나게' 가식적으로 너스레 떨어 손해 볼 일이 없다.

누군가가 따끔한 비판을 해달라고 해도 진짜 따끔한 비판은 삼가는 게 좋다.
그가 속으로 원하는 것은 비판이 아니라 공감과 칭찬이니까!

안된 사람 조롱하면 하늘이 벌을 내린다

SNS로 정치, 사회문제 참여가 왕성해 패로 나뉘어 벌어지는 싸움도 격렬하다. 정치이념, 남녀평등, 성소수자, 양심적 병역기피, 애완동물, 개고기 등 전선도 다양하다. 언론까지 본분을 포기한 채 어느 한 편이 돼 선동하는 싸움터에는 무서우리만큼 광기에 쌓인 집단적 증오, 저주, 혐오가 넘친다.

범죄자에게 부여하는 최고 형벌이 징역과 사형이다. '감옥은 나오는 맛에 들어간다'는 말이 있다. 감옥에서 나올 때 기분이 구름 위를 걷듯 좋은데 그만큼 감옥살이가 힘들다는 역설이다. 천인공노할 범죄를 저지른 악마라면 모를까 정치인이나 유력자가 벌을 받아 감옥에 갇히면 그걸로 벌을 받았다고 생각해 그가 반성 없이 엉뚱한 소리만 않으면 더 이상 그를 비난, 특히 조롱하지 않는다. 자살로 문제를 끝낸 사람은 더 말할 것도 없다. 그냥 잊어주는 것이 고인에 대한 예의다. 살다 보면 누구든 어찌어찌 그리될 수도 있는 것이 인생 아니겠는가.

자업자득, 사람이 잔인하면 잔인한 대로 다 그에게 돌아가더라.

습관적 빈대는 퇴출당한다

술 중 최고는 입술도, 공술도 아닌 '내가 사는 술'이다. 내가 사는 술자리가 좋은 평가를 받으려면 그것으로 빼기지 말아야 한다. 자기가 산다고 대장인 것처럼 마이크 독점하면 돈 쓰고 욕먹는다. '지갑은 열고 입은 닫아라'는 말이 그 말이다. 습관적으로 빈대 붙기 좋아하는 사람도 마찬가지다. 돈이 있는데도 구두쇠라서 한 번도 '내가 사는 술' 없이 '남이 사는 술'만 먹는 얌체 역시 좋은 소리 듣기 어렵고, 사람들도 멀어진다. 인간관계를 적당히 유지하려면 남이 두 번 살 때 한 번이라도 내가 사야 한다. 그렇지 않으면 시간이 갈수록 교류하는 인맥 폭이 좁아진다. 돈이 초래하는 원치 않는 고립이다. 어쩔 수 없다. 열심히 벌자.

살다 보면,
저금으로 쌓아둔 돈이 내 돈이 아니라 내가 쓰는 돈이
내 돈인 경우가 많다.

베면 잡초 품으면 꽃이라지만 사람에 있어서는

베려 하면 잡초지만 품으려 하면 꽃 아닌 것이 없다. 길가 콘크리트 사이 잡초가 콩알 크기 꽃을 피운 것을 보면 딱 그렇다. 베란다 화분에도 원래 심었던 나무와 함께 이름 모를 풀들이 알아서 싹을 내밀고 꽃을 피우면 예쁘지 않은 것이 없다. 그중에는 풍란 화분의 0.5mm도 안 되는 틈이나 배수구 철창 사이에서 자라는 키 1cm가 채 안 되는 풀도 있는데 한여름에 피우는 좁쌀 같은 흰 꽃이 참으로 앙증맞다.

그러나 사람은 그렇지 않다. 상대의 단점보다 장점을 보라지만 미운 짓을 하면 밉게 보이는 것은 당연하다. 처음에는 누군가의 장단점이 구분돼 보이는데 그가 밉보이기 시작하면 장점은 사라지고 단점만 보인다. 그러므로 남이 나의 장점을 보게 하려면 내가 그에게 미움 살 일을 안 하는 것이 먼저다. 얄밉도록 내 이익만 챙기고, 남 흉 자주 보고, 배려심 없고, 겸손하지 않으면서 타인이 나를 좋게 봐줄 것으로 생각하면 바보거나 독불장군이다.

『손자병법』에 '적을 알고 나를 알면 백 번 싸워도 위태롭지 않다 (知彼知己 百戰不殆 지피지기 백전불태). 전쟁에 지는 것은 나의 실수 때문이고, 이기는 것은 적의 실수 때문이다. 고로 적이 나를 살피듯 스스로 살펴야 한다'고 했다. 이 말을 처세에 대입해 보면 '타인이 나의 장점을 먼저 보게 하는 것은 내 하기에 달렸고, 내가 타인의 장점을 먼저 보는 것은 그 사람 하기에 달렸다'가 될 것이다.

'대접받으려거든 먼저 대접하라'
인간관계 불변의 제1 법칙이다.

〈꽃밭〉
루이 발타

과유불급過猶不及,
풀잎 위 이슬도 무거우면 떨어진다

'과유불급'의 출처는 『논어』다. 공자가 제자인 자장과 자하를 평가하면서 "자장은 지나치고, 자하는 조금 부족해 미치지 못한다. 둘이 같다"고 했다. 그러나 경험상 지나치면 오히려 부족한 것보다 못했다. 어린이에게 용돈은 조금 부족하게 주는 것이 교육상 이롭다. '주식은 무릎에서 사고, 어깨에서 팔아라'는 것도 그런 뜻이고, 세계의 장수촌은 모두 과식을 피해 소식小食을 한다.

세상 모든 일이 너무 서두르거나 욕심을 부렸다간 낭패당하기 십상이다. 100년을 내다보는 선구자는 화형을 당했고, 50년을 내다보면 '미친놈' 소리를 들었다. 10년 정도만 통찰해야 현자賢者 소리를 듣는다. 사랑이 지나쳐 집착하게 되면 서로에게 해롭고, 재물과 권력도 탐욕에 빠지면 눈이 멀어 낭떠러지에서 떨어진다.

호시우보虎視牛步,

호랑이의 눈과 소걸음으로 천천히, 그러나 뚜벅뚜벅 가야 목적지에 닿는다.

배려하는 마음은 예쁜 마음

중년 부부가 공원 언덕에서 도란도란 살아가는 이야기를 나누고 있었다. 언덕 아래에는 청춘 남녀가 돗자리를 깔고 앉아 데이트 중이었는데 여성이 부부 쪽으로 애써 걸어 올라갔다. 그녀가 손에 핸드폰을 든 채 올라오는 것을 보며 남편은 '필시 사진을 찍어달라는 거겠지.' 생각했는데 그게 아니었다. 그녀는 핸드폰을 부부 앞에 보여주면서 명랑하게 말했다.

"우연히 사진을 찍었는데 두 분 사진이 너무 예뻐서 드릴까, 하구요."

핸드폰으로 전달받은 사진은 부부의 눈에도 정말이지 너

무 멋진 인생샷이었다.

그날.
중년 부부 마음에 더욱 예쁘게 박힌 것은 사진보다 청춘 남녀의 배려심이었다.

행동 없는 배려는 공허하다

추석 연휴가 시작되는 전날 오후, 강 선생이 '여느 때처럼 또다시 명절은 찾아오고 늘 사무실 청소하느라 수고하시는 분들에게 작으나마 명절 선물을 드렸다'라며 작은 선물상자 10여 개가 쌓인 사진을 단체 카톡방에 올렸다. 공교롭게도 그날 아침 나 역시 건물 곳곳을 청소해 주시는 분들께 선물할지 생각했지만 '몇 명인지도 모르는데....소속 회사에서 알아서 하겠지'라며 실행을 안 했던 터였다. 부끄러웠다.

배려는 생각이 아니라 행동이다. 배려 없는 행동은 야박하고, 행동 없는 배려는 공허하다. '마음은 그게 아니었다'고 해봐야 자기 위로를 위한 변명일 뿐, 마음이 생기면 생기는 대로 행동이 따라야 배려도 모습을 드러낸다.

배려는,

나중에, 추상적이 아니라 그 즉시, 구체적이어야 한다.

어린이는 어른의 거울

재활용 쓰레기 분리수거를 위해 박스를 두 손으로 들고 아파트 승강기를 탔는데 아래층에서 어린아이 둘과 젊은 엄마가 탔다. 새로 이사 온 가족인 듯 낯설었다. 승강기에서 아이들은 대개 낯선 아저씨를 경계하는데 작은 아이가 "안녕하세요!" 인사를 밝게 한다. 얼떨결에 "어... 안녕..." 하며 어색하게 인사를 받았다.

1층에 도착해 현관의 자동출입문 쪽으로 가는데 나보다 먼저 엘리베이터에서 나갔던 그 아이가 자동출입문 센서 밑에 서서 문이 열리도록 한 후 내가 먼저 나가도록 기다려 주는 것이 아닌가! 어른들도 그런 배려를 하는 경우는 아주 드물었다. 이번에는 살짝 목례까지 하며 미소 띤 얼굴로 "고마워요~" 인사를 큰 소리로 하고 먼저 나왔다. 젊은 부모가 아이들 가정교육을 참 잘 시켰다는 생각에 흐뭇했고, 젊은 부모의 부모까지 달리 보였다. 인사까지는 몰라도 출입문 배려는 어린이가 쉽게 생각하고 실천할 수 있는 일이 절대 아니다. 반복된 가정교육과 실천이 있었을 것이다.

문제 아이 뒤에 문제 부모 있다.
어린이는 어른의 거울, 어른이 하는 대로 따라 한다.

아름다운 청년,
멋진 택시 기사가 있는 나라

택시 기사가 호출을 받아 승객이 기다리는 곳으로 갔더니 한 청년이 연세 많으신 어르신과 함께 있었는데 어르신만 택시에 탔다. 알고 보니 핸드폰 조작이 미숙해 택시를 못 잡는 어르신을 위해 낯선 청년이 자기 핸드폰으로 택시를 호출했고, 선결제 시스템이라 요금 결제도 청년 카드로 됐던 것이다. 목적지에 도착하자 택시비가 5,000원 나왔는데 택시 기사는 차마 그 청년에게 택시비를 받을 수 없어 어르신을 내려드린 후 그 청년의 카드 결제를 취소했다.

택시 기사로부터 이 말을 전해 들은 다른 손님은 목적지에 도착해 택시비가 11,000원이 나왔을 때 신용카드 대신 일부러 현금 이만 원을 준 후 "기사님, 오늘 그 어르신 택시비는 제가 내겠습니다. 기분이 좋아 그럽니다." 하며 거스름돈을 사양한 채 택시를 내렸다.

다시, 적선지가 필유여경!
청년, 택시 기사, 다른 손님, 그들의 가족과 후손에게 반드시 좋은 일이 생길 것이다.

〈흰고양이와 나비〉
아서 헤이어

끈 떨어진 갓 무시하지 않기

인간 세계는 지극히 계산적이다. 정승집 개가 죽으면 문턱이 닳아도 정승이 죽으면 파리만 날아다닌다. 본능이 '먹고사니즘'이라 누구라도 별수 없다. 부와 권력을 누리다 처지가 반대로 바뀌면 견디기 힘든 것이 이전과 달라진 사람들의 대접이다.

전화 수신은 대우와 관계를 판결하는 현실 법정, 처지가 어렵게 된 사람의 전화나 문자는 더욱 신경 써야 상대방에게 상처를 주지 않는다. 기회가 되면 적극적으로 나서서 밥이라도 한 끼 같이 먹는 것이 그 사람에 대한 배려다. 그러다 운명이 다시 바뀌어 '되로 주고 말로 받는 사람'도 숱하게 봤다. 권력자나 부자는 친하게 다가오는 사람을 잘 봐야 한다. 십중팔구는 권력이나 돈에 붙는 사람이니까.

모기도 오장육부가 있고 이슬 한 방울에 우주가 들어있다. 언덕은 낮춰 봐도 사람은 낮춰 보면 안 된다. 누가 언제 어떻게 될지는 아무도 모른다. 질풍경초疾風勁草, 모진 바람이 불면 강한 풀이 드러나듯이 역경을 당했을 때 진정한 친구를 알 수 있다.

어려울 때 곁을 지켜주는 사람,
그 사람이 진짜 재산이다.

세상은 넓고 인생은 길다,
하늘에게 아부하자

관상을 잘 보는 사람이 관상을 잘 보는 이유는 관상을 본 경험이 풍부하기 때문이다. 손금도, 점点도, 사주팔자도 마찬가지다. 수많은 경험으로 축적된 빅데이터가 '도사님'의 자산이다. 3천 년 비급秘笈 『주역』의 64괘卦 384효爻는 '궁즉변 변즉통 통즉구(窮卽變 變卽通 通卽久 모든 것은 극에 달하면 변하고, 변하면 통하고, 통하면 영원하다)가 핵심으로 우주 섭리가 어떻게 서로 맞물리는지를 빅데이터에 근거해 정리한 경우의 수다. 세상만사 고정불변은 없으나 변화에는 일정한 법칙이 작용한다.

도사가 수없이 많은 손님을 만나면서 깨달은 우주 속 인생의 법칙은 '착한 일을 하고 겸손하게 살면 좋은 운이 들어와서 성공에 이르게 한다. 모든 사람은 관계와 관계의 그물망으로 엮여 있어서 멀리 있어 보이지 않는 사람과 나에게 일어난 각각의 일이 서로의 삶에 크고 작은 영향을 반드시 미친다. 사람의 미래는 예측하기 어려우나 세상을 넓게, 인생을 길게 보는 사람에게 운이 따른다'라는 사실이다. 어디서 귀가 닳게 듣던 말 아닌가? 적선지가 필유여경!

"여태껏 살아오는 동안 나도 모르게 내 목숨 구해주고 도와준 사람들이 월매나 많겄어?"

6.25 전쟁 때 들키면 목숨을 잃을 것이 뻔한데도 어린 북한군 병사를 숨겨주고 치료해 고향으로 돌아가게 해줬다는 충북 괴산군 연풍면 고사리 산골 할머니의 말씀이다.

나에게는 사소하나 상대방에게는 큰 어려움인 일에 작은 은혜를 베푼 후 세월이 흘러 그 일을 까맣게 잊었는데 상대방으로부터 생각지도 못한 감사의 화답을 받았다는 이야기는 우리 주변에 차고 넘친다. 내가 왔던 길을 돌아보면 셀 수조차 없이 많은 사람의 보이는, 보이지 않는 도움과 협조로 오늘, 여기까지 올 수 있었다.

하늘의 귀여움을 받는 사람에게 운이 따른다. 착하게 살자!

나쁜 글과 말은 독이요 칼이다

나의 글과 말에 어떤 사람은 웃고, 어떤 사람은 울고, 어떤 사람은 희망을 얻고, 어떤 사람은 절망의 나락으로 추락하기도 한다. 잔인한 글과 말은 칼보다 더 지독하게 사람을 베고, 찌르고, 죽일 수 있다. 글과 말의 칼은 사람의 몸뿐만 아니라 마음까지 찌른다. 그런데 내가 누군가에게 독화살을 날리면 그 화살은 반드시 나의 심장으로 되돌아오는 것이 자연의 섭리다.

누군가를 글과 말로 해코지하면 그 순간에는 스트레스가 풀리고 기분이 좋을지 몰라도 거기에 실린 독극물이 돌고 돌아 반드시 내 몸에 쌓여 저승길을 재촉한다. 더구나 AI(인공지

능)가 사람보다 똑똑해지는 시대, 내가 공개적으로 쓴 독설毒舌은 인터넷 어딘가에 박제돼 있다가 결정적일 때 나에게 독을 먹인다. 정치인이나 대중스타가 과거에 썼던 '나쁜 글' 때문에 낙마落馬하는 사례를 늘 보지 않는가!

좋은 말만 하고, 예쁜 글만 쓰기로도 인생은 충분히 바쁘다.

사람이 재산, 치더라도 칼등으로

의리義理가 중요하다. 국어사전에는 '사람이 마땅히 지켜야 할 도리'라고 돼 있으나 보통 사람은 '좋게 인연을 맺은 사람을 사사로운 이익을 위해 배신하거나 뒤통수치지 않는 것'을 의리로 친다. '우리가 돈이 없지, 가오가 없냐?' 했던 영화 대사가 의리의 표본이다. 예상치 못했던 배신으로 삶의 행로가 크게 바뀌어 보면 의리의 소중한 가치를 알게 된다.

의리는 '사람이 재산이다'라는 말 앞에 있다. 젊은 날에는 '내가 잘나면 되는 거지 남이 무슨 재산?' 했을지라도 세월이 흐르면 내가 온전히 살아온 것은 주변 사람들의 도움과 협조 덕이라는 사실을 깨닫게 된다. 한 분야에서 거장Master에 이른 사람의 일상을 들여다보면 '겸손과 배려'가 몸에 배어 있는 경우가 많다. 그것이 주변 사람의 의리를 불러들여 성공에 이르게 했다. '부장까지는 자기 능력으로 승진할 수 있지만 임원이 되려면 사원들 평판까지 좋아야 한다'는 말이 그 말이다.

심지어 등 어루만지며 간 꺼내먹는다는 정치판에서도 끝내 민심을 얻는 정치인은 겸손하고 배려할 줄 아는 정치인이다. 겸손과 배려가 있는 것처럼 위장해 사업에 성공하거나 민심을 얻는 사이비似而非는 반드시 그로 인해 나락으로 떨어지는 인과응보因果應報를 우리는 늘 본다. 인간관계란 블랙박스다. 누군가 쳐놓은 인맥의 그물이 물속 어디까지 뻗어있는지를 타인은 결코 알 수 없다. 사람 함부로 무시하면 안 된다는 말이다.

사람이 재산, 맞다.

세상이 넓은 것 같지만 의외로 좁고, 인생이 짧은 것 같지만 의외로 길다.

그 안에 독불장군은 없었다.

더구나 친구라면,
싸울 때 싸우더라도 칼등으로 치되 칼날로 치지 말아야 한다.

〈가장 친한 친구〉
존 엠스

사람이 재산,
쌓아둔 돈이 아니라 쓰는 돈이 내 돈

부친상을 당한 친구 A의 부고가 떴다. 조용하던 단톡방이 오랜만에 분주하다. 장례식장이 멀어 사정상 조문은 어렵고 조의금이라도 보내야 하는데 과거 내 모친상 때 A의 문상이나 조의금이 명단에 없어서 의아하게 생각했던 기억이 떠올랐다. 질문이 단순하면 답도 단순하다.

"과거에 그랬다고 조의금을 보내지 않으면 A 역시 내게 의아해하거나 섭섭한 마음을 갖게 될 것이다. 5만 원으로 A 정도 신뢰하는 친구를 갑자기 살 수 있겠는가?"

조의금이라도 보내야지 했다가 깜박 잊을 수도 있는 것이 사람의 일이 아닌가. A에게 조의금을 입금하고 나니 '만약 안 했을 때 나중에 A를 만나면 어떻게 하지?' 같은 걱정이 일시에 사라졌고, 마음이 한결 편했다. 그 편한 마음만으로도 5만 원은 충분히 가치가 있었다. 만인의 경조사를 모두 챙길 수 없으니 '5만 원으로 그만한 관계의 사람을 새롭게 얻을 수 있는지' 스스로 묻고 답하면 된다.

익은 감도 떨어지고 선감도 떨어지는 나이 오십 넘으면, 벌어 쌓아둔 돈이 내 돈이 아니라 쓰는 돈이 내 돈이다.

돈, 잘 쓰자!

사람 열 번 된다,
낮춰 보지 말자

옛친구 B에게 작은 부탁을 하기 위해 전화를 걸었는데 전화를 받자마자 '다음에 이야기 하자'며 바로 전화를 끊어버렸다. 당시 내 부탁을 받은 누구도 그런 이는 없었다. 이후 행사장 같은 데서 우연히 B를 봤지만, 인사도 제대로 나누지 않았다. 10년 후, 핸드폰에 저장돼 있지 않은 번호로 전화가 와 받으니 B였다. 처지가 바뀌어 B가 나에게 어떤 청탁을 하는 것이었는데 'B가 하는 일의 성패가 걸린 문제'였다. 들어주기에 그리 어려운 문제도 아니었지만 10년 전 B의 매몰찼던 대우를 잊지 않고 있었다. 누군가에게 매몰차게 굴면 언젠가 내가 그로부터 같은 대우를 받는 것, 살다 보면 아주 흔한 일이다.

사람 열 번 된다.

내가 무시하면 나도 무시당하는 날이 꼭 온다.

독불장군獨不將軍, 필패한다

세상에 절대 없는 네 가지는 '비밀, 공짜, 지고 속 좋은 사람, 독불장군'이다. 사막에 바람이 불고 또 불면 모래 속 깊이 숨었던 바위가 끝내 드러나듯이 세상 어떤 일도 자기가 알고, 땅이 알고, 하늘도 알아 드러날 것은 반드시 드러난다. 진짜 일확천금 벌 기회는 자기가 갖지 남에게 공짜로 줄 턱이 없다. '이 세상에 공짜 없다'는 평범한 진리만 마음에 새기면 사기꾼에게 당할 일이 없다. 선거, 승진, 입시 등 경쟁에서 진 사람이 겉으로는 아무 일 없다는 듯이 웃을지라도 경쟁의 치열함에 비례해 속으로는 아픔이 클 터, 놀리거나 조롱하면 안 된다.

세상 모든 일, 목표의 달성은 많은 사람의 조력이 있어야 가능하지 오로지 혼자 힘으로 이루는 독불장군은 없다. 내 주변을 둘러봤을 때 독불장군이 없다면 이유는 그가 벌써 예선에서 탈락해 버렸기 때문이다. 당신이든 나든 예선에서 탈락하지 않고 지금까지 걸어왔다면, 독불장군은 아니니 그대로만 걸으면 목적지에 도착할 것이다.

조직에서 가장 환영받지 못하는 사람은
'독불장군형 트러블 메이커-싸움닭'이다.

인간관계,
때로는 속마음을 드러낼 필요가 있다

돈으로 바쁜 우정을 메울 수 있을까? 어느 정도는 가능하다. 부고를 받았을 때 행동은 '조문을 간다. 조의금만 보낸다. 아무것도 하지 않는다.' 중 선택을 해야 한다. 가까운 친구의 부친상인데 사정상 조문이 어려웠다. 어려운 사정임을 설명해도 친구의 속마음은 섭섭할 것이다. 마음이 불편했지만, 묘안이 없어 사과 문자메시지와 함께 조의금을 입금하면서 평균적 조의금에 장례식장까지 왕복 차비 정도 되는 돈을 더 얹어 보냈다. 며칠 후 친구는 내가 조의금을 관례보다 조금 많이 보낸 것을 고마워했고, 내 입장을 충분히 이해했다. 다소나마 마음의 불편함이 풀렸다.

왕복 차비를 조의금에 추가로 얹는 성의가 친구의 섭섭한 마음을 누그러뜨리는 데 도움이 됐다고 생각한다. 누군가와 내가 가까운 관계인지 아닌지는 부모상 같은 큰일을 당했을 때 그 실체가 드러난다. 정말 가까운 사람이라면 몸이 안 되면 돈으로라도 성의를 보여야 둘 사이에 회복하기 어려운 앙금이 생기지 않는다. 열 길 물속은 알아도 한 길 사람 속 모른다.

'말 안 해도 내 마음 알겠지' 하기보다
속마음을 겉으로 표를 내야 서로 좋을 때가 많다.

사소한 일을 참아야 큰일도 해낸다

'알아야 면장 한다' 이야기처럼 나의 무지로 컴퓨터의 모니터가 제대로 켜지지 않았는데 컴퓨터 수리점 사장에게 다짜고짜 화부터 냈다면 얼마나 무안했을 것이며 이후로는 그 가게를 이용하지 못했을 터, 이렇게 멋쩍은 일은 수시로 일어난다. 무슨 일이 조금만 마음에 안 들어도 화부터 내는 사람을 '성격이 급하다'고 에둘러 말은 하나 그런 사람이 인간관계에서 인기를 끄는 경우는 드물다.

평소 인스턴트 커피믹스를 즐겨 마시는데 멀리 지방의 카페 원두커피가 매우 맛있다는 소문을 듣고 볶은 원두를 구매했다. 그런데 커피를 타보니 쉰 맛이 났다. 상한 원두를 보냈나? 내가 보관을 잘못했나? 카페에 항의하고 환불을 요구할 까? 그러다 어떤 커피 애호가에게 듣자니 원두를 약하게 볶으면 신맛이 나는데 그 맛을 즐기는 사람도 있다는 것이었다. 내가 주문한 원두는 약하게 볶은 원두였다. 이를 모르고 다짜고짜 카페에 화를 냈으면 어쩔 뻔했는가.

> 사소한 일을 참지 못하고 쉽게 분개하는 사람이 큰일을 그르치지 않고 잘 해낼 턱이 없다.
> 『삼국지』의 장비의 죽음과 유비의 이릉대전 참패를 보면 그냥 알 수 있다.

자식은 돌아온다

'자식 이기는 부모 없다'라는 말이 부모, 자식 간 의견이 다를 때 항상 자식 의견대로 된다는 뜻은 아니다. 자식이 부모 뜻과 다르게 자기 하고 싶은 일, 살고 싶은 인생에 필이 꽂혔는데 그게 나쁜 길이 아니라면 부모는 끝내 막지 않는다는 뜻이다. 자식이 자기 갈 길을 명확하게 설정한 후 당당하게 걸으면 속으로는 오히려 대견스러워 응원까지 하게 되는 것이 부모 마음이다. '내 자식 키우면서 남 자식 흉보지 말라'는 말도 부모 뜻대로 안 되는 게 자식 농사니 남의 일이라고 섣불리 판단하지 말라는 얘기다.

먼저 자식을 길러낸 선배 여럿이 자기의 경험을 근거로 '자식 키워보니 끝내 돌아오더라. 믿고 기다리라' 했다. 선배들은 특히나 "자식은 부모가 '믿어주는 것'이 중요하다. '잘한다 잘한다' 칭찬을 아끼지 말라"고 했다. 선배들의 산 경험도 들었으니 내 자식도 자기 길을 찾은 후 돌아오리라 믿으며 기다린다. 재산 많은 아버지가 아닌 내가 그거 말고 달리 줄 수 있는 것도 없다.

사람마다 '자기 밥그릇 타고 난다'니
'너무 걱정하지 말자. 어떻게든 되겠지!'

〈태양〉
헨리 포타스트

청년아, 투표해야 시대의 주인 된다

10대부터 90대까지 10년 단위 세대마다 생각이 다르다. 태어나 자란 환경이 다르니 당연한 일이다. 구석기 시대 동굴벽화에도 '요새 젊은이들은 버릇이 없다'라고 쓰여있다지 않은가. 미래는 인생의 정점을 지난 노인보다 정점을 향하는 청년에게 더 중요하다. 미래는 청년의 시대, 국가의 미래 역시 청년을 중심에 놓고 설계돼야 한다. 그들이 주도해 자기들 희망대로 나라를 만들어 나가야 한다.

나는 그들의 결정을 존중할 것이다. 물론 그들 역시 스스로 선택한 것에 대해 책임지고, 감당해야 한다. 다만, 내 아들과 딸이 그들과 함께 있으므로 나라 발전에 좋은 선택을 하기만 바랄 뿐이다. 나는 깃발 들고 광화문에 나가는 대신 한 발짝 뒤로 물러나 여유만만하게 청년을 응원하기를 원한다.

청년아, 투표하라!
투표하지 않으면서 너의 미래를 네가 주도할 수는 없다.
민주주의는 다수결이다.

관용寬容이 건강을 지킨다

식당에서 주문한 음식이 나왔는데 작은 머리카락 하나가 음식에 빠져있을 때 손님의 반응은 여러 종류다. 일행들 모르게 슬쩍 제거하고 조용히 먹는 사람, 식당 관계자에게 조용히 이야기해 새로 음식을 받는 사람, 모두가 듣도록 큰소리치며 문제를 제기해 해결하는 사람. 어느 방법이 최선인지는 그 자리의 전체 상황에 따라 다르겠지만 주방장의 고의가 아닌 실수였다면 큰소리로 화를 내는 것보다 조용히 관용을 베풀며 처리하는 것이 일행과 다른 손님들, 식당 관계자 모두를 위해 현명했다.

흘러가 버린 물로 물레방아 못 돌리듯 이미 일어나버린 일은 화를 낸다고 시간을 되돌려 없던 일로 할 수 없다. 누구라도 다른 사람에게 실수하며 산다. 남의 실수에 관용을 베풀어야 나의 실수에 남의 관용도 기대할 수 있다. 세상일이 돌고 돌아 남의 실수에 야박하거나 그것을 이용해 이득을 취한 사람은 언젠가 자신도 똑같은 일을 남으로부터 당한다. 그런데 이런 사람일수록 남이 자신을 상대로 그렇게 하는 것은 더욱 용납이 안 돼 분노와 화가 더 많이 쌓일 수밖에 없고, 그만큼 자기 몸을 해치게 된다.

배려와 이해심 없는 분노는 사회적 성공보다 자기 심신의 건강을 먼저 해친다.

외면할지언정 공격하지 말라

공개적으로 서평을 쓸 때는 '반드시 책을 읽고 쓸 것, 차별화할 것, 아니다 싶은 책은 쓰지 말되 공격하지 말 것'이 기준이다. 마지막 세 번째 기준은 사람마다 생각과 관점이 다르므로 서평가 본인만 정답이라고 자만하지 말라는, 애써 책을 만든 출판사와 저자를 배려하라는 뜻이다. 물론 책의 내용을 두고 진위를 다투는 것은 논쟁이지 공격이 아니다.

인간관계 역시 마찬가지다. 어떤 조직, 집단이든 나와 의견이 충돌하거나 성향이 맞지 않는 사람은 있다. 가능하면 외면하는 것으로 해결해야지 가는 곳마다 그런 사람과 다툼으로 해결하려 들면 어느새 자신이 '트러블 메이커'가 돼 있을지도 모른다. 사람들이 가장 피하고 싶은 사람은 그 사람이다.

SNS 등 온라인 공간에서도 그렇다. 내 뜻이나 입장과 다른 사람의 글은 지나치면 되지 굳이 댓글을 달면서 다툴 필요가 없다. 그래봐야 관계만 틀어질 뿐이다. 내 글에 반박하는 댓글이 달려도 그렇다. 관계를 해치지 않을 선의의 논쟁이라면 모를까 싸움이 될 것 같으면 가타부타 말없이 외면하는 것이 상책이다.

『손자병법』은 다음과 같이 말한다.

고수는 안 싸우면서 이기고, 하수는 싸우면서 진다.

나의 선善은 어디에서 오는가

비바람이 간간이 치던 날 새벽, 방문이 열려있어 거실이 내다보였는데 전등이 불규칙하게 점멸했다. 날이 습해 누전이 일어나는가 싶어 긴장하며 전등을 관찰하니 전등 자체 점멸이 아니라 어디선가 빛이 비치는 것이었다. 베란다로 나갔더니 저 아래 주차장의 가로등과 그 앞에 서 있는 나무가 보였다. 나무가 바람에 흔들려 틈이 생기는 사이 가로등 불빛이 12층 아파트 거실 천장의 전등에 반사되면서 점멸하는 것으로 보였던 것이다.

나와 가로등 사이를 점령한 어둠 속에 바람, 나무, 전등이 길을 내 나는 빛을 볼 수 있었다. 나도 모르는 사이에 나무, 바람, 전등이 가로등 불빛과 나의 관계를 만들어줬듯이 세상은 서로 모르게, 눈에 보이지 않는 것들로 연결, 연결돼 있다.

내가 어둠 속에서 누군가에게 가로등, 나무, 바람, 전등일 수 있겠고, 누군가는 또 나에게 그것들이 돼준다. 만약 내가 선善하다면 그 선함이 나무, 바람, 전등이 낸 어둠 속 길을 타고 새벽 방안의 누군가에게 전해지는 것인데, 그렇다면 나의 선善은 대체 어디에서 왔겠는가?

나와 당신을 놓고,
이 세상에 쓸데없거나 사소한 일은 없다.

〈론 강의 별이 빛나는 밤〉
빈센트 반 고호

4장

운칠복삼運七福三을 부르는 법칙

인생은 점點이 아니라 선線이다

나쁜 과정, 나쁜 결과의 삶이 가장 안 좋다. 나쁜 과정, 좋은 결과의 삶도 그다지 좋지 않다. 수단, 방법을 가리지 않다가 나쁜 결과로 전락할 수 있다. 좋은 과정, 나쁜 결과는 운이 따르지 않은 것이니 안타깝다. 과정도 좋고 결과도 좋은 삶이 최고다.

인생은 미래의 점點들을 미리 이을 수 없다. 단지 과거를 돌아보며 연결할 수 있을 뿐이다. 현재의 점이 어떤 식으로든 미래의 점과 연결된다는 것은 필연이다. 무엇인가를 포기하지 않고 끝까지 노력해 좋은 결과를 맺으면 과거의 흑역사는 영광의 역사로 둔갑한다. 인생은 현재가 미래에 더해지는 복리複利

다. 그러므로 오늘도, 오늘만 열심히 가보는 것이다.

인생아, 오늘만 잘하자!
'애플 신화'의 스티브잡스가 말했다. "당신은 미래를 미리 내다보며 점點들을 이을 수는 없다. 단지 과거를 돌아보며 연결할 수 있을 뿐이다. 그러니까 현재의 점들이 어떤 식으로든 당신의 미래와 연결될 것이라는 사실을 믿어야 한다."

-스탠포드 대학 졸업식 연설문 중

신神은 언제나 한쪽 문을 열어주셨다

신은 공평하게 누구든 미래를 알 수 없도록 해두었다. 신은 한쪽 문을 닫으면 다른 한쪽 문을 반드시 열어주신다. 일이 안 풀릴 때마다 저 말이 희망과 용기를 주었다. 지난 삶을 돌아보면 가슴 쓸어내려야 할 아찔한 일도 참 많은데 그때마다 운 좋게 위기를 넘겼다. 만약 그것이 앞뒤 없는 우연이 아니라 신께서 관여한 결과였다면, 그는 나에게 먹고살 만큼은 늘 길을 열어주셨던 것이다. 파울로 코엘료 소설 『연금술사』에서 살렘의 왕 멜키세덱이 광산에서 노다지 캐기를 포기한 사람의 화난 발길질에 에메랄드가 숨은 돌이 우연히(?) 깨지게 해주는 것처럼.

무한 광대한 신의 설계는 인간이 감히 계산할 수 없다. 신의 계획은 높이와 길이가 너무 광대해 끝이 없는 무한이다. 천망회회 소이부실天網恢恢 疏而不失, 하늘의 그물은 넓으나 성기어서 결코 새거나 놓치는 법이 없다-노자 『도덕경』. 득죄어천 무소도야得罪於天 無所禱也, 하늘에 죄를 지으면 빌 곳이 없다-공자 『논어』. 하늘 무서운 줄만 알면 신은 베풀 뿐 절대 노여워하지 않는다.

"사막이 아름다운 것은 거기 어딘가에 오아시스가 숨어 있기 때문이지"

-생텍쥐페리 『어린 왕자』

이 순간 나를 생각하고 있는 사람은?

어떤 단체 카톡방에 욱한 독설을 올리고 말았다. 몇몇 회원이 들고일어나 격렬한 말싸움이 이어졌다. 관망하던 친구들도 양쪽으로 나뉘었는데 내 편을 들어주는 친구는 한둘에 불과했다. 내 편이 적은 것에 분을 못 삭여 카톡방을 박차고 나와버렸다.

마음이 불편했다. '내가 그때 말을 이렇게 했더라면… 저렇게 했더라면…' 생각이 머릿속을 맴돌았다. 또 어떤 친구에게 몹시 기분이 나빠 그가 계속 떠오르며 화가 났다. 이런 상태가 며칠 계속되자 참기 힘들었다. 결국 그날 싸웠던 회원들에게 전화를 돌렸다. 화해는 물론 그 뒤로 카톡방에서 나에 대해 무슨 말들을 하는지 그것 역시도 궁금해서다. 한 친구가 말했다.

"전혀 신경 쓰지 마라. 너 나간 후 너 이야기 하는 사람 한 명도 없다. 한동안 있다가 감정 누그러지면 다시 초대할 테니 잊어버리고 네 일이나 잘해라."

그랬다. 내가 하나하나 떠올리며 괴로워할 때 막상 그들은 자기 사는 일에 바빠 나를 생각할 겨를이 없었다. 당사자들은 아무도 나를 생각하고 있지 않은데 나 혼자 북 치고 장구 치며 스트레스로 나 자신을 괴롭혔을 뿐이었다.

지금 그 사람은 나를 어떻게 생각할까?

걱정도 팔자다.
지금 그 사람은 너무 바빠 나 따위를 생각할 겨를이 없다.

〈망설임〉
알프레드 스티븐스

세월이 약이겠지요

술과 친구는 오래 묵을수록 좋다? 이 말에 신뢰가 안 가는 게 오랜 친구라도 가벼운 다툼이라면 모를까 돈이나 정치적 견해로 싸우면 관계가 예전보다는 서먹해지기 때문이다. 그러므로 아무리 오랜 사이라도 정치, 종교, 지역감정처럼 설득은 어렵고, 감정은 예민한 사안에는 심한 말싸움을 피한다.

문제는 오랜 사이도 아니고, 최근에 알게 된 것도 아니고, 자주 보는 사이는 아니지만 가끔은 꼭 봐야 하는 사람, 가령 동창회나 동호회, 직장 동료 등과 어떤 다툼을 벌이는 일이다. 이 사람과는 싸우면 그대로 싸운 것이 되고 말아 가끔 만날 때마다 불편하기 그지없다.

이런 경우 관계를 풀어보려 억지로 뭘 하기보다 그냥 그대로 둔 채 시간에 맡기는 것이 상책이었다. 세월이 오래 흐르다 보면 어느 순간 둘 사이 격했던 감정이 흐물흐물해지는 때가 왔다. 좀 더 마음이 편해지고 싶을 때면 그가 SNS에 쓰는 글에 한 번쯤 살짝 호의적으로 반응해 주는 것이었다. 그러면 화해의 시점이 앞당겨졌다. 세상만사 세월이 약이었다.

죽이 되든 밥이 되든 시간이 알아서 다 정리해 준다.

작심삼일作心三日 파괴

살면서 계획표대로 실천했더라면 벌써 나라를 세워도 열 번은 세웠다. 수없이 '이제부터 ~하자'를 다짐했지만 작심삼일이었다. 그런 일이 반복되니 '작심 스트레스'가 찾아왔다. 나와의 약속을 지키지 못했다는 자괴감과 자기 비하!

그래서 찾은 해법이 '작심삼일 파괴'다. '계획하지 말자. 어차피 계획대로 안 되는 것이 인생이다. 그냥 오늘 하루 내가 할 수 있는 선까지만 살자. 그럼 또 살아야 할 내일이 알아서 찾아오겠지.' 작심을 굳게 했다. 성과의 목표가 없는 이 작심은 지키기 쉬웠고 마음도 편했다.

당최 삶이란 계획대로 안 되니 아예 계획하지 않는 대신 닥치는 대로 걷다 보면 신께서 나를 위해 미리 닦아놓으신 길이 종종 나타났다. 인생이란 덜 익은 감도 떨어지고 익은 감도 떨어지는 것, 마음보다 몸이 가는 길이 내 길이었다.

내가 어떻게 할 수 없는 일은 빨리 적응하고,
내가 어떻게 할 수 있는 일은 어떻게든 해보려 노력하자.

다만, 나에게 필요한 지혜는 그 둘을 분별하는 것이다.

-라인홀트 니부어 기도문

나는 왜 구슬을 몽땅 잃었을까

어려서 친구들과 했던 비석 치기 게임이 있었다. 너른 마당에서 서로 비석을 한 번씩 움직이며 상대방 비석을 먼저 맞추는 아이가 그 게임에 걸었던 딱지나 구슬을 차지하는 놀이였는데 승자는 늘 성격이 느긋한 아이였다. 성질 급한 아이가 먼저 공격을 시도했다가 실패하면 공격을 유도하며 슬슬 도망 다니는 전략을 썼던 아이가 손쉽게 게임에서 이기는 것이었다. 그때 나는 주로 성질 급한 아이여서 어느 한날 오랫동안 차곡차곡 모았던 구슬을 몽땅 잃고 집에 돌아와 통곡했었다.

직장생활을 시작했던 청년 때부터 지금까지를 돌아보니 성질 급하고, 공격적인 태도가 대사를 그르치는 경우가 훨씬 많았다. 급한 성질에 욕심까지 지나치게 부리다 패가망신하는 인생도 여럿 보았다. 어렸을 때 구슬을 몽땅 잃었던 이유를 깨달았다. 급하다고 실을 바늘허리에 묶어 덤비면 바느질이 될 리 없었다. 급할수록 돌아가는 지혜, 어려울수록 차분하게 바늘구멍에 실을 꿰는 의연함이 필요했다.

우보천리 마보십리 牛步千里 馬步十里,
천천히 뚜벅뚜벅 걷는 소가 천 리 갈 때
있는 힘껏 쏜살같이 내달리는 말은 십 리도 못 가서 지치고 만다.

일도 사랑도 너무 급하게 서두르다가는 똥 밟기 십상이다.

〈라 시에스타〉
호아킨 소롤라

주식 하는 사람 가까이 두지 않기

인생이 편해지려면 주식 하는 사람이 가까이에 없어야 한다. 그가 옆에서 자꾸 돈 땄다고 자랑하면 주식에 관심이 없던 사람도 마음이 흔들린다. 결국 소액으로 주식을 시작했다가 손해를 보면서 본전 생각에 투자금을 늘린다. 그렇게 빠져들어 발목이 잡힌 주식투자자 100명 중 99명의 꿈은 '본전만 찾는 것'이다.

좀 손해를 봤더라도 수업료라 생각하고 이때 빠져나오면 그나마 다행이다. 어떻게든 본전은 찾고 나와야겠다고 버티다 점점 깊은 수렁으로 빠져 고생하는 사람 부지기수고, 직장에 들어가자마자 주식부터 손댔다가 몇 년 만에 긴 여생 반 토막

나버린 사람 주변에 널렸다. 인간이 늘 불행한 이유는 탐욕의 크기가 무한대여서다. 그 탐욕을 가장 쉽게 자극하는 것이 주식이라는 투전판이라 주식 하는 사람이 옆에 없는 것이 인생 편하게 사는 길이다. 자고로 인생은 '적게 먹고 가는 똥 싸는 것'이 최고다.

"개미는 십 일을 보는데 기관은 십 년을 본다. 개미는 결코 기관을 이길 수 없다."

주식 무림의 초절정 고수가 쓴 책에서 읽은 말이다.

간절히 원하면 온 우주가 돕는다

보석을 캐려고 5년 동안 999,999개의 돌을 깨뜨리다 마침내 포기하면서 화가 난 청년이 발 앞으로 굴러온 돌멩이를 힘껏 집어 던졌는데 그 돌이 깨지면서 커다란 에메랄드가 청년 품에 안겼다. 하늘에서 지켜보던 살렘의 왕 멜키덱스가 청년의 운명에 개입한 결과다. 신은 이렇게 사람이 눈치채지 못하도록 우연히, 살짝 개입한다. '간절히 원하면 온 우주가 돕는다.' -파울로 코엘료 소설 『연금술사』

중국 한나라 이광 장군이 밤중에 큰 호랑이를 맞닥뜨려 활을 쐈는데 날이 밝아 보니 바위에 화살이 꽂혀있었다. 바위를 호랑이로 오인했던 것. 자신이 쏜 화살이 바위에 꽂힌 것에 감탄해 다시 그 바위에 활을 쏘았으나 화살은 꽂히지 않고 튕겨 나갔다. 지난밤에는 호랑이만 생각하고 바위를 생각하지 않았기에 화살이 꽂혔던 것. 신념이 굳으면 화살이 바위를 뚫는다. –사마천 『사기』

면직공 청년 카네기는 '반드시 밀물은 오리라. 나는 그날 저 대양으로 나갈 것이다.'라고 쓴 조각배 그림의 액자를 머리맡에 걸어놓고 날마다 꿈을 키워 끝내 철강왕이 됐다. 언덕 위에 올라가 바람을 기다리는 독수리가 바람이 불면 가장 먼저 창공으로 날아오른다. 동이 트기 전 새벽이 가장 어둡다. 오늘만 참고 버티며 언덕에 올라 바람을 기다리자.

포기하지 마!
오늘 내가 마지막 곡괭이질을 포기하고 떠난 그 자리가
내일 올 누군가에게는 첫 곡괭이질에 황금이 쏟아지는
노다지가 되는 일,
세상 살펴보면 흔한 일이다.

황혼이 지면 날아오르는 미네르바의 부엉이
― 방구석에서 구만리 장천 날아다니기

나이가 든다는 것은 익어가는 일이다. 벼가 익을수록 고개를 숙이듯 세월과 비례해 커져야 할 것은 자만이 아니라 겸손이다. 겸손은 지식이 아니라 자신을 낮추는 성찰로 얻는다. 방안에 틀어박혀 책 한 권을 읽더라도 지식知識을 얻으려 하기보다 미처 알지 못했던 지혜智慧를 얻으려 노력한다. '앉아서 삼천리, 서서 구만리'를 보는 통찰, 깨달음을 얻으려 노력한다.

칸트는 독일 변두리의 작은 도시 쾨니히스베르크(칼라닌그라드)에서 평생을 살았어도 세계와 우주를 관통하는 철학을 얻었다. 조선의 학자 기대승은 전라도 광산군 변두리 동네에서 사단칠정四端七情을 꿰뚫었다. '석사, 박사 어르신'이 넘쳐나지만

나라가 늘 시끄러운 것은 지식만 있지 지혜와 통찰을 탐하지 않은 탓이다. 나이만 들었지 어른이 되지 못하는 까닭이다.

미네르바의 부엉이는 황혼이 지면 날아오른다.
The Owl of Minerva spreads its wings only with the falling of the dusk

-헤겔

그 자식 출세하더니 변했네?

그 자식 출세하더니 변했어!

그 사람이 변하는 것은 당연하다.

스무 살 청춘 때 고향 친구가 서울 변두리에서 장사를 시작했었다. 나는 학생인데 친구는 돈을 버니 가끔 가면 그가 밥과 술을 샀다. 그는 중학교만 마치고 그 분야에 뛰어든 탓에 어른도 빨리 돼 가게에 붙은 작은 방에서 연인과 동거 중이었다. 인간 경영이 늘 그렇듯 졸업, 취직, 결혼, 양육으로 바쁘게 살다 보니 한세월 그 친구와 못 보며 지나갔다.

십수 년 후 친구가 사업에 성공했다는 소식이 돌았다. 중년이 된 어느 날 다시 그 친구 사업장을 방문했다. 정말 큰 부자가 돼 있었다. 친구 부인이 나타났다. 그 옛날 가게의 여인이 분명했다. 반갑게 인사를 하려는데 친구는 "어... 고향 친구인데 당신은 모를 거야. 가서 일 봐." 하며 부인을 서둘러 내보냈다.

그날 친구와 대화는 겉돌았다. 그는 계속 부자의 일상을 자랑했고 나는 '어...어...' 했다. 맞벌이 월급쟁이로 내 집 마련을 위해 정신없던 터라 술맛도 안 났다. 그가 왜 그랬을까? 친구 표정에 답이 있었다. '기억하기 싫은 옛날'을 내가 속속들이 아는 게 불편한 것이다. '그때는 쪽팔려' 떠올리기 싫은 것, 잊고 싶은 것이다.

성공하고 출세한 사람은 과거 구질구질하게 살았던 때를 함께 아는 당신이 반갑지 않다. '그 자식'만 그런 것이 아니라 당신과 나를 포함해 사람이 다 그렇다. 그가 변했다고 원망할 시간에 내가 변했다는 비난을 남으로부터 당하기 위해 노력하자.

사람이, 사는 것이 다 그러하다.

항구에 나가는 배가 있으면 들어오는 배도 있고

성공한 선배가 있다. 뭔가 큰 어려움이 닥칠 때마다 그는 "항구에 나가는 배가 있으면 들어오는 배도 있고"라며 여유만만했다. 단테가 쓴 『신곡』의 지옥 입구에는 '이곳에 오는 자 희망을 버리라'고 적혀있다. 희망이 없는 곳이 지옥, 희망만 잃지 않으면 지옥이 아니다. 신은 한 쪽 문을 닫을 때 다른 쪽 문 하나를 반드시 열어 두는데 희망이 있는 사람만 그 문을 찾을 수 있다. 선배는 늘 그 문을 찾아냈다.

마음이 복잡할 때면 집에서 가까운 인천항에 간다. 항구는 나가는 배와 들어오는 배로 늘 분주하다. 사는 일 또한 그러하다. 나가는 것이 있으면 들어오는 것도 분명히 있었다. 산이 높으면 그만큼 골이 깊었고, 빛이 밝은 만큼 그림자가 짙었다. 인생이라는 항구는 때로 좀 더디더라도 인내하고 노력하면 들어와야 할 것은 끝내 들어온다. 이것을 믿고 나아가야 한다.

> "인생에 막다른 길이란 없다. 사람들이 가지 않으면서 길이 없다고 한다."

-루신

관상인가, 기칠운삼技七運三인가

어떤 성공인은 얼굴에 흉이 있어 관상이 빵점이었다. 『주역』에 밝다는 사람이 그에게 성형수술을 권했다. 어느 영웅이 젊었을 때 손금을 칼로 늘렸다는 이야기를 곁들였다. 그는 무시했다. 그가 했던 일이 실패했을 때 이유는 노력과 실력, 운이 부족했던 탓이라 믿은 까닭이다.

현재를 선택 불가한 관상이나 사주팔자 탓으로 돌리는 인생은 답이 없다. 박진감도 없다. 현재는 오직 능력과 노력과 운의 결과다. 인생은 기칠운삼(실력 70%, 운 30%)이다. 관상대로 가는 것이 아니라 내가 가는 대로 관상이 된다. 운명대로 되는 것이 아니라 자신이 가는 대로 운명이 된다. 영화 천재 찰리

채플린은 무명 배우로 죽을 만큼 힘들었을 때 '나는 이 세상에서 가장 위대한 배우'라고 수시로 자신에게 속삭였다.

항구로 피신한 배는 안전하나 그것이 배의 본질은 아니다. 배는 파도가 아닌 바다를 봐야 목적지에 닿는다. 영화 〈관상〉에서 조선 최고 관상쟁이 내경(송강호 분)이 말한다.

"네 얼굴과 네 손 안에 우주가 들어있다. 네 운명은 타인의 말에 있지 않다. 나는 사람의 모습만 봤을 뿐 시대의 모습을 보지 못했다. 시시각각 변하는 파도만 보았지, 바람을 보지 못했다. 파도를 만드는 것은 바람인데."

바람은 기技와 운運이 만든다.

〈폭풍우의 해변〉
존 글라이히

그러나, 인생은 자주 운칠복삼運七福三이다

사람 팔자는 기칠운삼을 넘어 운칠복삼(운 70%, 복 30%)이라는 사람도 많은데 특히 성공한 사업가들이 그렇다. 돌아보면 좋은 운수를 맞았을 때 생각지 못한 복이 함께 터졌기 때문에 성공할 수 있었다고 한다. 『삼국지』 유비의 책사 제갈량도 모사재인 성사재천謀事在人 成事在天이라 했다. 계획은 사람이 하지만 이루는 것은 하늘이다.

경마나 스케이트 경기를 보면 1, 2등이 서로 다투다 같이 넘어지는 바람에 3등으로 달리던 선수가 1등을 당하는 경우도 허다하다. 그러므로 지금 3, 4등이라도 희망을 품고 열심히 달려야 한다. 특히 사람을 잘 만나는 것도 복 중 큰 복이다. 우연한 기회에 사람 잘 만나 인생이 환하게 열린 경우란 셀 수 없이 많다. 그러므로 젊어서는 "내가 돈이 없지, 가오가 없냐?"는 거친(?) 태도로 사람을 대하는 것은 삼가는 게 좋다. 자신감과 패기로 사는 것도 좋지만 너무 자존심만 내세우다 복덩이를 놓치는 경우도 많으니까.

무엇보다 중요한 사실fact은 아무리 인생이 운과 복에 달렸다고 해도 그 운과 복은 부지런히 노력하고 준비한 사람에게 터지지 게으르고 준비 안 된 사람에게는 터지지 않는다는 것이다. 인생을 지배하는 것은 지혜보다 행운인데 이 행운은 눈이 밝아서 준비된 사람에게만 찾아온다. 기회 또한 머리만 있고 꼬리가 없는 화살이다. 앞에서 미리 준비하고 있어야 잡을 수 있지 우물쭈물하다 지나가 버리면 뒤에서는 잡을 수가 없다.

로또를 맞으려면,
일단 로또부터 사야 한다.

모든 꿈은 개꿈이다

사는 동안 숱하게 꿈을 꿨다. 어느 날은 돌아가신 아부지께서 로또 번호를 알려주셨다. 잠에서 깨자 얼른 적어놓고 마음이 들떴다. 로또 구입에 돈 좀 썼는데 결과는 꼴등도 드물었다. 심지어 전쟁터에서 총알을 맞고 죽는 꿈을 꿔 진땀을 흘리며 깬 날도 별일 없이 지나갔다.

꿈이 운명을 예언하는 것은 아닐까 싶어 신경이 쓰이는 것은 사실이다. 그러나 내 현실이 어떨 때 그런 꿈을 꾸는지, 그 꿈을 꾼 다음 내 운이 어떻게 조정됐는지 알 수가 없다. 누구든 공평하게 자신의 미래를 알 수 없는 인간의 한계가 마음을 나약하게 하지만 어쨌든, 미래는 알 수 없다. 그저 닥치는 대로 살아가는 수밖에.

이제 개꿈 따위 신경 쓰지 않는다.

꾸든가 말든가!

〈동물이 있는 풍경〉
프란츠 마크

비관주의자와 투덜이스트 멀리하기

비관주의자는 역풍이 부는 것을 불평한다. 낙관주의자는 순풍으로 바뀌기를 기다린다. 현실주의자는 바람 따라 돛의 방향을 조정한다.

세상사에 비관적인 사람은 과정도 결말도 늘 부정적이다. 시작하기도 전에 '되겠어? 하지 마!'란 말을 먼저 한다. 왜 매사 그렇게 부정적이냐고 그러면 자기는 부정적인 게 아니라 현실을 냉철하게 직시할 뿐이라고 한다. 자기 같은 현실주의자가 내 곁에 있어 주는 것을 고맙게 생각하란다. 이런 부류 사람은 성격이 날카로워 긍정적인 것보다 부정적인 것이 더 많이 눈에 띈다. 눈에 띄니 매사 투덜거린다. 비관주의자는 필시 투덜이스트일 확률이 높다.

비관주의자와 식당에 가면 종업원의 불친절한 태도, 불결한 식탁, 맛없는 음식, 몸에 해로운 요리에 대한 불평불만을 늘어놓는다. 있던 밥맛도 달아난다. 이 비관주의자에게 미래 계획을 털어놓으면 될 일도 기부터 꺾인다. 이럴 때 큰일 나고, 저럴 때 폭삭 망하기 때문이다. 그는 잘 되고, 대박 터지는 경우는 잘 보지 못한다. 비관주의자에게 내가 쓴 글이 어떤지 보여주면 '좋다'는 말보다 '안 좋다'는 말을 해 기죽인다. '칭찬은 고래도 춤추게 한다'는 것을 비관주의자는 절대 모른다. 냉철한 현실주의자니까.

이런 사람을 '에너지 뱀파이어'라 부른다. 만나면 어떻게든 힘을 북돋기보다 기죽이는 말부터 하는 사람, 만날 때마다 뭔가의 이유로 비관적이어서 그 기분 풀어주려고 용쓰다 볼일 다 보게 하는 사람, 이런 사람과는 가능한 안 만나는 것이 상책이다. 인생에 도움이 안 되는, 돈도 시간도 아까운 사람이다.

사람을 키우는 것은 밥보다 말이다. 프랑스 파리의 세계적인 화가는 어렸을 때 학교 공부는 낙제생이었는데 "네 그림은 너무나 환상적이야. 넌 꼭 그림으로 세계 1등을 할 거야."란 선생님의 말을 듣고 자신감이 커졌다. 감옥에 갇힌 어떤 사람은 어렸을 때 "너 그러다가 감옥 간다"는 말을 부모가 자주 했다.

'나는 운이 좋다'고 중얼거리다 보면 진짜로 운이 좋아지는 때가 있다.

5m만 더

중국 대나무China Bamboo가 있다. 이 대나무를 심고 물과 거름을 줘도 4년 동안 꼼짝하지 않다가 5년째가 되면 5주일에 30m나 자란다. 이 30m는 5주일 동안 자란 것인가, 5년 동안 자란 것인가. 5년 동안 자란 것이다. 5년 중 어느 한 시기라도 물과 거름을 중단했다면 대나무는 죽었을 것이다. 지금 당장은 꿈이 눈에 띄게 실현되지 않더라도 꾸준히 노력하면 임계점을 넘어 꿈이 이루어지는 순간이 반드시 온다.

알프스산 어느 정상의 산장 앞에 십자가가 있다. 한 등산가가 산을 오르다 심한 눈보라를 만나 진퇴양난에 빠지자, 산장이 있는 정상 쪽을 택했다. 밤이 돼 어둠과 추위

속에서 눈보라를 뚫고 나갔지만 가도 가도 산장이 나오지 않자 절망해 주저앉아 버렸다. 다음날 눈보라가 걷힌 후 사람들이 얼어 죽은 등산가를 발견했는데 산장에서 5m밖에 떨어지지 않은 곳이었다.

5m만 더!

-(故 차동엽 신부의) 『무지개 원리』 중에서

질문이 단순해야 답도 단순하다

질문이 복잡하면 답도 복잡하고, 질문이 단순하면 답도 단순하다. 복잡하거나 큰일 앞에서 발휘되는 대범大凡과 결단의 비결은 곁가지를 쳐내고 본질에 육박해 질문을 던지는 것이다. 본질을 정확히 꿰뚫을수록 질문은 단순해진다.

재벌그룹을 일궜던 왕회장은 해방 이후 사업 초창기에 미군 부대와 거래와 잦았다. 사업이란 게 결국 미군 상대로 '영업sales'을 하는 것인데 '어차피 을乙 처지에서 영업을 할 거면 작은 것보다 규모가 큰 영업을 하자'고 결심했던 것이 자동차 수리센터에서 자동차 제조회사 설립으로, 자재 공급에서 건설회사 설립으로 방향을 잡게 된 배경이었다. 질문은 '어떤 영업을 할 것인가?'였고, 답은 '기왕 하는 것 규모가 큰 영업을 하자.'였다.

멀쩡히 잘 다니던 대학을 중퇴하고 자신의 길을 가겠다는 자식을 앞에 두고 학벌사회를 건너온 아버지는 충격을 받았으나, 자신에게 물었다. "자식이 그 길을 가는데 대학 졸업장이 중요한가?" 학벌보다는 실력이 먼저인 길, 답은 "아니요"였다. 아버지는 자식의 중퇴를 양해했고, 자식은 자신의 꿈을 이루려고 용맹정진 중이다.

질문을 단순하게 하는 것은 능력이 아니라 용기다.

기회는 나이를 묻지 않는다

'사마의 중달'은 유비, 조조, 손권 등 영웅호걸이 명멸하는 『삼국지』 최후의 승자다. '죽은 공명이 산 중달 잡는다.'는 말처럼 제갈공명에게 자주 패했지만 어쩌면 공명이 있어야 자신의 진가도 인정을 받을 것이란 계산으로 공명을 적당히 봐줬는지 모른다. 의심 많은 조조부터 조방까지 4명의 주군을 모시기까지 죽은 듯 엎드려 기회를 보다 나이 칠십에 궐기해 손자 사마염이 진晉나라를 개국하는 초석을 다졌다. 서기 250년 당시 의약술 환경을 고려하면 지금 나이로 90세는 족히 넘긴 나이였다. 순욱, 양수는 출중한 능력을 너무 과시하다 조조에게 제거당했다. 중달은 '무릇 사람은 물러날 때와 나아갈 때를 알아야 한다'는 유언을 남겼다.

'도쿠가와 이에야스'는 『대망大望』을 꿈꾸는 자의 지독한 인내와 기다림을 가르쳤다. 6살 때부터 14년을 인질로 잡혀있다 20세에 겨우 약체 영주로 독립했다. 오다 노부나가와 임진왜란의 원흉 도요토미 히데요시 밑에서 굴욕을 참고 인내를 거듭하며 세력을 키웠다. 1603년 나이 60세에 이르러서야 도요토미 가문을 제압하고 쇼군이 돼 1867년 메이지 유신 때까지 264년 도쿠가와 막부 시대를 열었다. 그 역시 지금 시대 나이로 치면 80세는 족히 된다. '두견새가 울지 않으면 오다는 죽이고, 도요토미는 울게 하고, 도쿠가와는 울 때까지 기다렸다.'는 말이 전해 내려온다. 도쿠가와는 '풀잎 위 이슬도 무거우면 떨어진다'는 유언을 남겼다.

괴테는 80세 넘어 『파우스트』를, 세르반데스는 52세에 감옥에서 『돈키호테』를 구상한 후 58세에 발표해 셰익스피어와 동급의 거장이 됐다. 피카소가 미술계 거목에 오른 것은 80세 가까이 돼서였고, 미켈란젤로는 80세 넘어서도 대작을, 에디슨과 버나드 쇼도 90세 너머까지 연구와 창작에 몰두했다. 정도전은 42세, 당시 나이로는 '퇴물' 때 이성계를 찾아가 『경국대전』으로 조선의 설계자가 됐다.

'압구정동' 한명회 역시 37세에 개성에 있던 이성계의 저택(경덕궁) 궁지기를 하며 자신의 때를 기다리다 수양대군을 만나 성종 때까지 시대를 주름잡았다. 젊었을 때 그는 과거시험 공부 대신 병법서를 수레에 싣고 다니며 자신의 때를 기다렸다. 강태공은 80세에 주문왕을 만나 제후가 됐다. 그가 위수 강가에 드리우고 있던 낚싯줄에는 바늘이 없었다. 강태공은 물고기가 아니라 자신의 때를 낚고 있었다.

기회는 눈이 밝다.
나이 불문, 준비된 사람만 찾아간다.

〈낚시하는 남자〉
페카 할로넨

사람 일 계획대로 되지 않는다

계획한 대로 일이 풀렸더라면 지금 나라를 세웠어야 한다. 그러나 현실은 그저 그렇고 그런 '동네 아저씨'. 사람 일이란 보이지 않는 연결과 연결, 관계와 관계가 만드는 바람에 날리며 수시로 모양이 변하는 구름과 같다. 오늘 제주도 어떤 사람의 행동이 내일 서울의 전혀 알지 못하는 다른 사람 운명에 영향을 미친다.

계획은 사람이 세우고, 계획의 실행도 사람이 하지만 일이 풀려나가는 것은 사람의 뜻이 아니라 신의 뜻이다. 사람 열 번 되는 이유다. 한순간의 실망도 자만도 의미 없다. 지금 걷고 있는 길 뚜벅뚜벅 걸어가는 것이 그저 사람이 할 일이다.

인생은 기칠운삼技七運三을 넘어 운칠복삼運七福三, 계획대로 돼서 성공한 것이 아니라 성공했기에 계획대로 된 것이다.

강한 자가 살아남는 것이 아니라 살아남는 자가 강한 자다.

철칙鐵則 없는 철칙

'철칙'은 '눈에 흙이 들어가도, 목에 칼이 들어와도 지키겠다 고집하는 자기와의 약속'이다. 사람이 살다 보면 어쩔 수 없는 상황도 많은데 철칙에만 얽매여 융통성 없이 행동하면 오히려 낭패당하기 쉽다. 목에 칼이 들어오면 우선 목숨부터 지키고 나서 후일을 도모하는 것이 현명하다. 남한산성에서 모두 죽더라도 청나라와 싸우자는 김상헌의 철칙보다 화친으로 후일을 도모하자던 최명길의 합리적 현실 인식이 필요하다.

속을 꽉 채운 참나무는 곧고 단단하나 태풍에 뚝 부러진다. 갈대는 유연하게, 대나무는 속을 비움으로써 강한 바람에도 부러지지 않는다. 비록 바람 따라 몸을 굽히고 숙일지언정 뿌리를 옮기지는 않는다. 사람이 살다 보면 환경과 조건에 따라 이럴 수도, 저럴 수도 있어야지 철칙에 자신을 꼭꼭 묶어놓으면 강한 바람이 불 때 몸을 숙일 수 없어 곤경을 피하기 어렵다. 철칙이 많은 삶은 피곤하다.

자기주장 강한 고집불통이 사회생활에서 성공하기란 낙타가 바늘구멍 통과하기보다 어렵다.

〈봄비속의 대나무〉
샤 창

돈을 얼마나 가져야 행복하려나

대체 돈은 얼마나 가져야 행복할까? 가난한 사람은 돈이 많으면 살고 싶은 집, 갖고 싶은 물건, 놀면서 다니고 싶은 곳 마음껏 다닐 수 있어 좋겠다고 생각하나 막상 부자는 부자여서 잠 못 드는 고민이 많다. 사는 동안 그 재산을 지키기 위해 전전긍긍해야 하고, 노후에는 상속 분쟁으로 자식들이 원수지간이 되는 경우도 허다하다. 부자와 행복은 무조건 같은 광주리에 담기는 사과가 아니다.

물론 돈이 없으면 원해도 누릴 수 없는 것들이 많아 불편하다. 그러므로 '돈이 없어도 마음만 행복하면 된다'는 정신승리는 굳이 해야 할 승리가 아니다. 다만, 돈이란 것이 내가 원한다고 원한 만큼 벌어지는 것이 아니므로 가진 돈 안에서 요령껏 행복지수를 끌어 올리는 것 말고 달리 방법이 없다.

서울 강남에 전세를 사는 사람이 집주인이 집 나가랄까 봐 늘 조마조마한다는 말을 들었다. 비록 강남 전셋값에 한참 못 미치는 변두리지만 가족들이 안전하고 따뜻하게 몸을 들일 내 집이 있고, 참기름에 금방 무친 시금치나물과 들기름 발라 구운 김, 어리굴젓 한 사발에 밥 한 그릇 뚝딱 비우고, 방방곡곡 잘 만들어진 둘레길 싼 비용으로 걸어 다녀 심신 또한 건강하면 됐지 무얼 더 바라는가! 인생은 돈과 행복이 각자 노는 따로국밥이다.

재산을 잃으면 적게 잃는 것
명예를 잃으면 많이 잃는 것
건강을 잃으면 모두 잃는 것

성공이 별건가?
두 팔 두 다리 성하면 성공이지!

너무 걱정하지 마라. 어떻게든 된다

일본 이큐 선사가 입적을 앞두고 사찰의 제자들에게 "정말로 큰 어려움이 닥쳐 길이 없거든 열어 보라"며 밀봉된 편지 한 통을 남겼다. 몇 년 후 사찰에 큰 문제가 생겨 제자들이 편지를 개봉했는데 "너무 걱정하지 마라. 어떻게든 된다."라고 적혀있었다.

종합검진을 예약해 놓거나 자식이 대학입시 같은 큰일을 앞두고 있을 때면 '큰 병이 있다고 하면 어떻게 할까, 시험 치다 답안지 실수를 하지나 않을까' 근심 걱정이 태산인 경험은 누구에게나 있다. 대부분의 그런 걱정은 자신이 어떻게 할 수 없거나, 막상 때가 돼도 일어나지 않을 일의 걱정이다.

아파트 아래층에 물이 새 원인을 찾고 고쳐야 하는 일, 누전이 생겨 원인을 찾는 일, 차가 고장 나 고쳐야 하는 일, 까다로운 거래와 복잡한 서류를 떼가며 이사를 해야 하는 일 등은 미리 생각하면 머리 아프나 막상 닥쳐서 하고 나면 그저 사소한, 돈이나 시간을 들이면 결국 '어떻게든 되는 것'이었다.

품성 더러운 국회의원이 면책특권을 이용해 야비한 짓을 할 때마다 화가 났는데 어느 날 대형 부패 사건에 연루된 그의 파멸을 지켜보다 과거 그 사람 때문에 분노하고 절망했던 일을 돌아보며 웃었다. 시간이 흐르면 다 어떻게든 되는 것이었는데.

어니 젤린스키의 『모르고 사는 즐거움』에 따르면 사람이 하는 100개의 걱정 중 40개는 결국 일어나지 않는다. 30개는 이미 지나버린 일에 대한 것, 22개는 일어나더라도 대처가 가능한 일이다. 4개는 천재지변처럼 일어나더라도 어떻게 할 수 없는 일, 결국 의미 있는 걱정은 100개 중 4개뿐이다.

어떻게든 되므로,
그 4개의 걱정도 그냥 '닥치는 대로 살면' 된다.

유비무환有備無患을 알면 사람이 미리 걱정할 일은 0(Zero)개다.

우리가 정상頂上에서 만나는 비결은?

세일즈맨들의 구호는 '정상에서 만납시다!'이다. 장차 올라설 인생의 정상이 어디인지 사람 능력으로는 알 수 없다. 다만, 하고 싶은 일 열심히 오랫동안 집중해서 노력하다 보면 어느 순간 정상에 오르는 시기가 온다. 모든 것이 쉽게, 빨리 변하는 요즘 시대라도 금방 이루어지는 일은 세상에 없다.

인생은 생각보다 훨씬 길다. 조바심이 나면 날수록 멀리 봐야 한다. 한순간의 유혹이나 좌절을 참고 묵묵히 견디어야 한다. 그러면 누구에게나 반드시, 반드시 기회는 온다. 다만, 그 시기가 다를 뿐이다. 긴 호흡으로 인생을 바라보면 현재는 물론 미래가 달라진다. 한탄하지 않고 실력을 쌓으며 때를 기다려야 한다. 그냥 지어낸 말이 아니라 책에서 본 거인들의 삶이 그랬다.

그러나, 그 모든 정상은 건강을 잃은 정신과 신체 앞에서 무효다. 정신이 온전하고, 신체가 건강해야 성공도 의미가 있다. '건강한 놈이 이기는 놈'이다. 가장 성공적인 정상은 내 발로 걸어 올라, 밟고 서는 관악산 연주대다. 학벌, 돈, 권세, 명예 그런 것 모두 연주대에 오르지 못하면 전혀 쓸모가 없다.

인생은 가까이서 보면 서로 다르지만 멀리서 보면 다 거기서 거기다.

'인생의 절대 반지'는 무엇인가

소설가 고故 박완서 선생의 '일상의 기적'이란 글이 유명하다. '심장이식, 간이식, 관절염과 허리 디스크 치료 등 건강을 잃었을 때 들어가는 치료비를 모두 합하면 건강한 사람의 몸 가격이 51억 원이고, 누구나 공짜로 마시는 산소로 인해 매일 860만 원을 벌고 있으니, 건강이 최고의 자산'이라는 통찰이다. 재산을 잃으면 조금 잃는 것이요, 명예를 잃으면 많이 잃는 것이고, 건강을 잃으면 다 잃는 것이다. 중국 속담에도 '기적은 하늘을 날거나 바다 위를 걷는 게 아니라 땅 위를 걸어 다니는 것'이라 했다.

'인생의 절대 반지'는 건강!

건강은 건강할 때 지켜야 지혜롭다.

'먼 길 걷는 당신'을 위한 '지혜 부엉이'는 여기가 끝이다.

운칠복삼運七福三이 그대에게!

오직 나에게 집중하는 나

"지금 알게 된 것을 그때도 알았더라면"을 주제로 삼은 책이 많습니다. 그렇습니다. 제가 젊었을 때 더욱 지혜로웠다면 지난 삶이 많이 달랐겠지만 역사에 가정은 공허합니다.

인생의 분기점은 운運이 지배하는 경우가 많으나 분명한 것은 구체적인 목표를 향해 치열하게 노력하는 사람에게만 그 운이 따른다는 지극히 평범한 자연법칙自然法則을 각성하게 된 것이 그나마 다행입니다.

남과 비교하며 기죽거나 무리하지 않는 대신 자기가 가진 것을 최대한 활용하고 노력해 얻은 성과에 만족하면 운도 따른다는, 겸손이나 배려, 관용의 마음이 결국에는 이익으로 돌아온다는 법칙을 알게 된 것도 다행 중 다행입니다.

오묘하고 경이로운 인생의 바다,
오직 나에게 집중한다면
'이생망!(이번 생은 망했다!)'은 없습니다.

다시 한 번 더,
운칠복삼運七福三이 그대에게!

〈Runners〉
로버트 들로네

걱정 마, 어떻게든 되니까

초판 1쇄 인쇄 2024년 10월 10일
초판 1쇄 발행 2024년 10월 13일

지은이 최보기
발행인 전익균

이사 정정오, 윤종옥, 김기충
기획 조양제
편집 김혜선, 전민서, 백연서
디자인 페이지제로
관리 이지현, 김영진
마케팅 (주)새빛컴즈
유통 새빛북스

펴낸곳 도서출판 새빛
전화 (02) 2203-1996, (031) 427-4399 **팩스** (050) 4328-4393
출판문의 및 원고투고 이메일 svcoms@naver.com
등록번호 제215-92-61832호 **등록일자** 2010. 7. 12

가격 17,500원
ISBN 979-11-91517-82-8 03190

* 도서출판 새빛은 (주)새빛컴즈, 새빛에듀넷, 새빛북스, 에이원북스, 북클래스 브랜드를 운영하고 있습니다.
* 파본은 구입처에서 교환해 드리며, 관련 법령에 따라 환불해 드립니다.
다만, 제품 훼손 시에는 환불이 불가능합니다.